本著作是河北大学燕赵文化学科群重大招标项目"近代燕赵教育与文化转型研究"(项目编号2020W05)的研究成果

# 燕赵地区家族教育的变革与近代文化转型

王喜旺 黄鹤 著

中国政法大学出版社

2023·北京

声　明　1. 版权所有，侵权必究。

　　　　2. 如有缺页、倒装问题，由出版社负责退换。

**图书在版编目（ＣＩＰ）数据**

燕赵地区家族教育的变革与近代文化转型/王喜旺，黄鹤著.—北京：中国政法大学出版社，2023.12
ISBN 978-7-5764-1258-1

Ⅰ.①燕… Ⅱ.①王… ②黄… Ⅲ.①家族－教育史－关系－文化史－河北－近代 Ⅳ.①G529.5②K250.3

中国国家版本馆CIP数据核字(2023)第232461号

---

| | |
|---|---|
| 出 版 者 | 中国政法大学出版社 |
| 地　　址 | 北京市海淀区西土城路25号 |
| 邮寄地址 | 北京 100088 信箱 8034 分箱　邮编 100088 |
| 网　　址 | http://www.cuplpress.com（网络实名：中国政法大学出版社） |
| 电　　话 | 010-58908289(编辑部) 58908334(邮购部) |
| 承　　印 | 保定市中画美凯印刷有限公司 |
| 开　　本 | 880mm×1230mm　1/32 |
| 印　　张 | 7.25 |
| 字　　数 | 160千字 |
| 版　　次 | 2023年12月第1版 |
| 印　　次 | 2023年12月第1次印刷 |
| 定　　价 | 40.00元 |

# 目 录

绪 论 ...... 1

**第一章 燕赵地区家族教育在近代发生变革的因缘 ...... 21**
 第一节 "西学东渐"的冲击 ...... 22
 第二节 国家政策的调适 ...... 32
 第三节 传统价值观的转变 ...... 46
 第四节 宗族内在的"生存焦虑" ...... 61

**第二章 燕赵地区家族教育在近代发生变革的外显形态 ...... 71**
 第一节 从政治人才到多元人才的目标异变 ...... 71
 第二节 教育内容的革命性变革 ...... 89
 第三节 族学与西式教育机构的贯通 ...... 105
 第四节 族谱修撰教化旨趣的转向 ...... 111

**第三章 燕赵地区家族教育的变革对文化转型的塑造 ...... 123**
 第一节 价值观的变异 ...... 124
 第二节 思维方式的转轨 ...... 142
 第三节 行为方式的转移 ...... 155

第四章　燕赵地区家族教育的变革对文化转型发生影响的通道 …… 161
　　第一节　家族的整体文化示范 …… 161
　　第二节　家族成员与官员的交往 …… 167
　　第三节　家族人才参与地方事业中的引领与渗透 …… 181

结　语 …… 206

参考文献 …… 214

后　记 …… 226

# 绪 论

在燕赵地区文化的变革中，近现代的文化转型是引人注目的重要面向。推动这一重要面向展开的重要影响因素便是教育变革。在教育变革中，家族教育的变革是非常重要的方面。遗憾的是，从家族教育与近现代文化转型的关系视角切入的研究成果，至今尚甚为鲜见。因此，本研究尝试聚焦此点，进行必要的探究工作。

## 一、研究价值

（一）理论价值

1. 为家族教育史的研究填补空白

在既有的家族教育史研究成果中，从家族教育与区域近现代文化转型的关系视角切入的研究成果，至今尚未见到。本课题的研究，恰好可以弥补这一空白。

2. 为深入理解近现代文化转型提供一个别样的、富有解释力的框架

对于中国的近现代文化转型，已有学者从学校教育与近现代文化转型的关系这一视角提出了富有解释力的框架，但是，

从社会教育、家庭教育的视角,尚未提出有解释力的框架。本课题的研究,可以为深入理解燕赵地区在近现代的文化转型,乃至中国在近现代时期的文化转型,提供一个别样的、富有解释力的框架。

(二) 实践价值

从理想状态来说,学校应该成为"一方之教化重镇"。遗憾的是,在当今的中国社会,无论是大学,还是中小学,这样的功能都未能充分发挥。通过本研究中历史经验的提炼,可以为当今学校发挥塑造区域文化的功能提供借鉴。

## 二、研究动态综述

家族作为地方的基本单位,在中国传统教育传承与发展的过程中占据着重要地位。古今中外的教育学家和历史学家们对家族和家族教育都进行过一定的研究。改革开放以前,关于家族教育的专门研究甚少。直到20世纪80、90年代,关于家族教育的专门研究成果才逐渐增多。

(一) 关于家族教育的综合类著作

在综合类著作中,比较有代表性和关注度的主要有丁钢主编的《近世中国经济生活与宗族教育》、党明德与何成主编的《中国家族教育》以及蒋明宏的《明清江南家族教育——多元视角研究》。其中,丁钢主编的《近世中国经济生活与宗族教育》[1]从经济视角出发,在把握明清时期宗族发展整体的基础

---

[1] 丁钢主编:《近世中国经济生活与宗族教育》,上海教育出版社1996年版。

之上，对晋商、徽商、江浙商和闽粤商的宗族教育进行了个案研究，指出地方宗族的主要教育内容除了忠孝仁义的伦理道德教育和四书五经的科举教育之外，还包含了经世致用的经商之术和习业教育，并且分析了地方经济发展与宗族教育之间的相互作用关系。此外，该著作对族谱的教育功能也进行了简述，为宗族教育的深入研究提供了一定的基础。党明德与何成主编的《中国家族教育》[1]则与之不同，其以多方位的研究视角和多学科的交叉研究方法，对中国宗族教育进行了全面的分析和纵横上下的比较。该著作充分利用史书、族谱、地方志等资料，对中国宗族教育的发展概况进行了全面的梳理，不仅仅有理论上关于宗族教育的综合研究，还有地区典型名门望族教育的个案研究。除此之外，还涉及帝王官宦、士绅以及工商之家和少数民族宗族教育的专题研究。总之，该书不仅仅对宗族教育进行了历史的、全面的分析，还挖掘了宗族教育的现实意义与价值。另外，蒋明宏的《明清江南家族教育——多元视角研究》[2]选择以近代转型时期江南地区的宗族教育为研究对象，从宗族课程、婚姻和文化心理等多个视角切入，通过对众多宗族族谱、地方档案、文集、年谱等资料的整理与分析，从教育目标、教育内容、教育方法等方面对江南地区的宗族教育进行了个案研究。

此外，还有一些专著中的部分篇章对宗族教育进行了论述。

---

[1] 党明德、何成主编：《中国家族教育》，山东教育出版社2005年版。
[2] 蒋明宏：《明清江南家族教育——多元视角研究》，知识产权出版社2013年版。

如徐扬杰的《宋明家族制度史论》[1]选取宋明以来的宗族作为主要研究对象，从横向角度出发，探讨聚族而居的宗族组织形式及其物质表征，即祠堂、家谱和族田，指出宗族教育多以家训和族规为主要形式进行德化教育，并且在祠堂中通过读谱的形式向族人宣扬以孝为中心的封建伦理道德思想和为人处世之道，教育族人子弟要本分做人与勤奋读书。同样，常建华在《中华文化通志·宗族志》[2]一书中全面讲述了中国宗族组织形式以及与宗族教育密切相关的内容，如谱牒、族产、族学和族规等。冯尔康的《清代宗族史论·冯尔康文集》[3]中有关于清代宗族助学兴学的论述，指出宗族通过开办学塾的形式培养族人子弟，以此来光大门庭和提高宗族的社会地位，并且还指出宗族的兴学助学制度有利于地方文化的建设和助学优良传统的形成，具有重要的历史价值。

当然，除了中国学者对宗族及宗族教育进行的系列研究之外，日本学者对中国的宗族和宗族教育也比较感兴趣。比如守屋美都雄的《中国古代的家族和国家》[4]一书分为国家篇、家族篇和附篇三部分，从宗族的视角出发，系统探讨宗族与中国古代国家制度的关系，并且在宗族教育研究中着力分析家训与家规在宗族教育中发挥的重要作用，其中，尤以《颜氏家训》

---

[1] 徐扬杰：《宋明家族制度史论》，中华书局1995年版。
[2] 中华文化通志编委会编：《中华文化通志·宗族志》，上海人民出版社1998年版。
[3] 冯尔康：《清代宗族史论·冯尔康文集》，天津人民出版社2019年版。
[4] [日]守屋美都雄：《中国古代的家族和国家》，钱杭、杨晓芬译，上海古籍出版社2010年版。

为研究重点。与前者不同，清水盛光的《中国族产制度考》[1]则是从宗族置产的角度研究中国宗族教育，指出族产是族人为了祭祀活动和救济贫寒族人，通过捐助或者遗产的形式保留下来的公共财产，具有睦族、收族和赡族的作用，其中的学田是宗族教育的主要经济基础，为宗族教育活动的展开提供了物质保障。

综上所述，以上这些著作不仅仅将中国古代的家族教育作为主要研究对象，而且还利用横向研究与纵向研究相结合的方法对中国古代和近现代社会的家族及其教育活动进行研究对比与分析，并且将中国近现代转折时期的家族教育活动作为重要的研究内容。此外，对于家族教育的研究不仅仅停留在对族学的研究上，还将家族教育研究的重点细化到族谱、族产、祠堂以及家训家规等层面，这就为本研究提供了多方面研究路径和研究内容，所以本研究将关注点集中在中国近现代家族教育的组织建设和物质基础上。另外，在家族资料搜集上，以上文章不仅仅将目光投注到族谱、族人文集和地方志等史料，还将一些地方民俗和民间资料也纳入其中，这也为本研究提供了多方面的富有价值的史料线索。

（二）关于家族教育研究的论文

近年来，对某一断代、某一地区或者某一家族进行研究的论文俯拾皆是，其中从各个角度涉及家族教育活动。接下来，本著作对中国家族教育研究的呈现主要分为断代家族教育、区

---

[1] [日]清水盛光：《中国族产制度考》，宋念慈译，中华文化出版事业委员会出版。

域家族教育和个别家族教育三个方面。

1. 某一时代的家族教育研究

从历史时间划分来看,关于中国宗族教育研究的论文主要以明清时期以来的家族教育研究为主。其中,比较有代表性的文章如下：

王昌宜的《明清徽州宗族教育研究》[1] 全面考察了明清时期徽州地区的宗族教育,指出徽州宗族以振兴宗族为教育总目标、以科举教育和职业教育为主要教育内容,并且揭示了宗族通过兴办族学、书院和文会等教育措施,促进了该地区宗族教育的发展。夏铭的《晚清民国时期南昌月池熊氏的宗族教育研究》[2] 以清末民初时期的南昌月池熊氏宗族为研究对象,详细分析研究了在社会转型时期熊氏宗族的发展历程以及宗族教育在教育理念和教育实践等方面发生的变革,并且指出熊氏宗族教育对本宗族的发展以及南昌地区教育现代化进程起到一定的推动作用。胡楠的《晚清民国宗族教化之变迁——以海宁查氏和吴越钱氏为个案》[3] 对民国时期宗族教育的变迁进行分析研究,以宗族教化作为研究视角,分别从学校教育、宗族教育和伦理道德教育三个方面,分析探究晚清民初宗族在教育宗旨、教育内容和教育方式等方面的变化,以此揭示社会转型时期宗族教化思想的演变过程。徐雅芬从历史人类学角度出发,对明

---

[1] 王昌宜:《明清徽州宗族教育研究》,安徽大学 2001 年硕士学位论文。

[2] 夏铭:《晚清民国时期南昌月池熊氏的宗族教育研究》,南昌大学 2013 年硕士学位论文。

[3] 胡楠:《晚清民国宗族教化之变迁——以海宁查氏和吴越钱氏为个案》,浙江师范大学 2015 年硕士学位论文。

清时期江西流坑村的宗族教育进行考察，发现明清时期流坑村宗族教育的族众性和开放性增强，并且宗族教育的发展与宗族经济的发达具有相互作用。[1]

当然，除了对宗族教育进行综合性研究之外，还有对宗族教育的物质表征及组织形态进行的研究。贾学政的《近代私塾教育与宗族社会》[2]以近代宗族的私塾教育作为研究视角，指出私塾作为宗族教育机构在宣扬儒家文化、培养儒生和稳定宗族秩序等方面扮演着重要的角色，并且对近代转型时期宗族教育内容做出的适应性变革也作了简单叙述。王日根、仲兆宏的《明清以来苏闽宗族祠堂比较研究》[3]和张旭飞的《近代黔东南宗族祠堂研究》[4]对宗族祠堂进行相关研究，不仅指出宗族祠堂的经济基础和经营管理模式，还对祠堂的祭祀仪式和教养功能加以阐释。其特别指出，宗族通过祭祀仪式和兴学、助学奖学等途径对族人进行教化，宣扬尊祖敬宗和耕读传家思想，以此维持宗族的稳定发展。乔娜妹与前者不同，其从宗族教育的经济基础——学田的角度出发，对明清时期江南族田兴盛的背景、来源与管理以及其主要用途做出详细分析，并指出宗族学田的充分发展不仅仅维持了宗族教育的顺利进行，而且对江

---

[1] 徐雅芬：《明清时期江右商的宗族教育——江西流坑村的历史人类学考察》，载《中南民族大学学报（人文社会科学版）》2015年第2期。

[2] 贾学政：《近代私塾教育与宗族社会》，载《理论月刊》2005年第3期。

[3] 王日根、仲兆宏：《明清以来苏闽宗族祠堂比较研究》，载《安徽史学》2013年第3期。

[4] 张旭飞：《近代黔东南宗族祠堂研究》，南京师范大学2020年硕士学位论文。

南地区的经济发展具有推动作用。[1] 此外，还有对宗族族谱的教育功能进行的相关研究。如叶国爱的《族谱的教育价值研究》[2] 和于海燕的《民国时期江苏家谱纂修研究》[3] 将族谱作为宗族教育的主要研究对象，在文中指出族谱作为宗族教育的主要文本载体，在宗族教育中担当着重要的任务，并且对族谱的教育内容、特点及其在当代社会的教育作用进行了分析。

总之，从以上这些研究成果中我们可以看出，家族的教育活动不仅仅体现在族学上，与家族密切联系的族谱、家训、祠堂、祭祀仪式等内容也是研究家族教育的一种出路，这就为本研究进一步深入探索提供了研究方向和路径。

2. 某一区域的家族教育研究

从中国区域划分来看，通常以秦岭—淮河为南北方的分界线。接下来分别对南北方家族教育的研究成果进行呈现。

其中，关于南方宗族教育研究的代表性文章除了上述提及的王昌宜的《明清徽州宗族教育研究》、夏铭的《晚清民国时期南昌月池熊氏的宗族教育研究》之外，还有仲兆宏在《晚清常州宗族与社会事业》[4] 中对晚清时期常州宗族的慈善、教育和公共事业进行的详细研究，其中，在宗族教育研究中，宗族教育被分为宗族内部教育、传统科举教育和新式学校教育三种类

---

[1] 乔娜妹：《明清江南宗族学田研究》，华东师范大学2014年硕士学位论文。
[2] 叶国爱：《族谱的教育价值研究》，西南大学2010年硕士学位论文。
[3] 于海燕：《民国时期江苏家谱纂修研究》，扬州大学2016年博士学位论文。
[4] 仲兆宏：《晚清常州宗族与社会事业》，苏州大学2010年博士学位论文。

型。曹紫佳的《基于文化基因视角下的湖南宗族型传统村落研究》[1]从文化角度出发,探索分析了湖南宗族村落形成与发展中的文化基因,并且指出宗族中所蕴含的传统文化基因对当今时代传承传统文化、延续历史文脉和建立文化自信具有重要意义。林源西的《近代两湖族田研究》[2]将两湖地区的宗族研究细化到族田,分析两湖族田的分布、来源及近代发展态势,指出族田是维持宗族教育的经济基础。罗翔宇以徽州家谱为中心,从中探索徽州宗族尊师重教、终身学习和忠孝仁义的教育理念。[3]张正泉在《近代徽州宗族教育研究》[4]中对近代徽州宗族的教育对象、教育内容、教育资金来源等方面进行了全面分析研究,指出徽州宗族教育的发展对自身宗族文化的传承和地方文化的昌盛均有重要作用。

关于南方宗族教育的研究成果比较多,但是近年来关于北方宗族的研究异军突起,虽然仍未改变以往南强北弱的局面,但是北方宗族教育的研究也可以说是势不可挡。比如《明初以来沧州移民宗族形态的演进与社会变迁》[5]《晚清民国以来的

---

[1] 曹紫佳:《基于文化基因视角下的湖南宗族型传统村落研究》,天津大学2017年硕士学位论文。
[2] 林源西:《近代两湖族田研究》,南京师范大学2011年硕士学位论文。
[3] 罗翔宇:《清代徽州宗族的教育理念——以徽州家谱为中心》,载《皖西学院学报》2018年第3期。
[4] 张正泉:《近代徽州宗族教育研究》,载《汉字文化》2019年第2期。
[5] 于秀萍、焦以爽、杨旭英:《明初以来沧州移民宗族形态的演进与社会变迁》,载《沧州师范专科学校学报》2009年第2期。

河北宗族述略——以河北宗族族谱为中心》[1]《明清河北宗族兴盛原因探析》[2]等系列文章,分析了河北地区的社会变迁与宗族演变,将移民与宗族发展联系起来,并且对河北地区宗族的家谱纂修进行了分析。其中,《明清以来沧州的家族教育述略》[3]指出,明清时期沧州宗族重视科举教育,鼓励族人子弟潜心向学,形成了宗族自身的教育理念,并且对地方的文化教育事业起到了一定的推动作用。虽然其对沧州地区的宗族教育进行了概述,但是尚未涉及宗族教育在近代转型时期的变迁,这也就为本研究进一步探究近现代燕赵地区家族教育的变革提供了研究空间。

此外,还有学者对北方其他地区宗族教育做出了研究。如秦利国和李振武的《华北宗族研究——以山西地区宗族研究为例》[4]选取山西宗族为研究对象,对与此相关的研究成果加以总结分析,发现华北地区的宗族研究已经成为学者关注的一个重要课题,而且还有很大的发展空间。杜靖等人的《清代青岛城阳汉人孙氏宗族的建造与实践》[5]通过对青岛孙氏宗族族

---

[1] 于秀萍:《晚清民国以来的河北宗族述略——以河北宗族族谱为中心》,载《中国社会历史评论》2008年第0期。

[2] 于秀萍:《明清河北宗族兴盛原因探析》,载《沧州师范专科学校学报》2006年第3期。

[3] 于秀萍、童广俊、于长亮:《明清以来沧州的家族教育述略》,载《沧州师范专科学校学报》2007年第4期。

[4] 秦利国、李振武:《华北宗族研究——以山西地区宗族研究为例》,载《史志学刊》2017年第3期。

[5] 杜靖等:《清代青岛城阳汉人孙氏宗族的建造与实践》,载《湖北民族学院学报(哲学社会科学版)》2017年第6期。

产、祠堂以及族谱等内容的研究,探析孙氏宗族在尊祖敬祖教育上的举措、策略。近期,学者常建华在《明清北方宗族的新探索(2015—2019年)》[1]中将近几年关于北方宗族研究的学术成果加以简述,发现除了将"制度论与功能论相连,结构论与世系论结合"之外,还有一些新的研究路径,如宗族的日常生活、建构活动和实践研究等,以追求"活化"的宗族研究。

从以上研究成果来看,整体而言,国内外学者在选择家族教育研究时多偏向于南方家族,大多以江南地区的福建、江西、江苏等地区家族为代表,关于中国北方家族教育的研究成果偏少,尤其是关于燕赵地区家族教育的研究更是微乎其微,呈现出家族教育研究南强北弱的局面。本研究选择燕赵地区家族教育作为研究对象,期望以此作为燕赵地区家族教育与文化活动研究的补充。

3. 个别家族教育研究

个别宗族教育研究主要是集中在某一地方名门望族的教育研究。比如何成在《明清新城王氏家族教育探析》[2]一文中对新城王氏的宗族教育进行分析研究,指出新城王氏宗族多以科举应试教育、封建伦理道德教育和才艺教育为主要内容,培养出大批精英人才,并且积淀了深厚的宗族文化和优良家风。赖燕波在《浙江海宁查氏家族教育探析》[3]一文中指出,查氏宗族兴盛不衰的奥秘在于自身成功的宗族教育,其科举教育与文

---

[1] 常建华:《明清北方宗族的新探索(2015—2019年)》,载《安徽史学》2020年第5期。
[2] 何成:《明清新城王氏家族教育探析》,载《学海》2002年第1期。
[3] 赖燕波:《浙江海宁查氏家族教育探析》,载《学术交流》2011年第1期。

化教育并重的教育理念和丰富多样的教育方式不仅仅培育出众多的文化精英,而且还成就了查氏宗族的光辉历史;此外,还指出宗族教育研究对当今时代的家庭教育具有借鉴价值。蒋明宏通过对清代无锡湖头和堠山两地区钱氏宗族教育进行分析研究,发现两地的钱氏宗族虽然是不同的派别,但是宗族教育在教师、教育内容和教育方法等方面却是有一定的共性。[1] 陈钰莹通过对魏晋南北朝时期琅琊王氏宗族教育的研究,指出琅琊王氏宗族以培养族人子弟为直接教育目标,以孝悌的道德教育、儒家经典的知识教育和百艺之学的文化教育为主要教育内容,并且对宗族教育的因材施教、榜样示范等教育原则与方法进行了详细介绍,继而进一步揭示出琅琊王氏宗族教育的基本特点以及对当今家庭教育的价值。[2] 王楠在《清代长洲彭氏科举世家的家族教育研究》[3]一文中,主要从政治、经济、文化三个角度分析了清代彭氏科举世家发展的历史背景,指出彭氏宗族"学而优则仕"的教育目标、以举业为核心的文化教育和德行教育为主的教育内容以及灵活多样的教育方式,并且揭示出彭氏宗族教育对现代家庭教育的启示。

此外,还有学者将关注点放在宗族女子教育上。比如李晓

---

[1] 蒋明宏:《清代无锡钱氏家族教育及其转型述论——以堠山派城中支、湖头派七房桥支为例》,载《历史教学问题》2014 年第 5 期。

[2] 陈钰莹:《魏晋南北朝时期琅琊王氏家族教育研究》,东北师范大学 2019 年硕士学位论文。

[3] 王楠:《清代长洲彭氏科举世家的家族教育研究》,东北师范大学 2021 年硕士学位论文。

娟的《清代孔氏家族女子教育研究——以孔祥淑、朱玙为个案》[1]将作为宗族教育典范的孔氏宗族中的女孙、女媳两位女性作为研究对象,利用文献研究和历史研究的方法考察清代孔氏宗族女子的教育情况。同样,王岩和徐兆洋也将宗族中的女子作为研究对象,在《明清时期家族教育中的女性角色——以江南地区秦氏家族为例》[2]一文中讲述了中国两千多年的"男主外,女主内"的封建传统思想在明清时期受经济和社会风气变化的影响而发生的转变,北宋著名词人秦观的后代秦氏宗族中的女性地位获得了提升,"女子无才便是德"的传统思想发生了改变,女子在宗族中也是需要接受教育的,主要包含女性早期的道德教育、婚姻后的家庭教育和对子女的教育以及女性社交的文化教育。

综上所述,不管是对于某一时代的家族、某一区域家族还是个别家族的研究,对南方家族教育的研究一直是多于北方,尤其是针对燕赵地区的家族教育研究未能引起学者广泛的关注。虽然已经有部分学者将北方家族教育的研究作为研究课题,但是其主要的研究对象却是以山东、山西和河北沧州地区的家族教育为主,甚至是对于燕赵地区的家族研究仅仅局限于对燕赵家族研究成果的简单综述,未能对燕赵地区的家族教育进行详细深入的分析和研究,这便为本研究的开展打开了一个缺口。

---

[1] 李晓娟:《清代孔氏家族女子教育研究——以孔祥淑、朱玙为个案》,曲阜师范大学 2020 年硕士学位论文。
[2] 王岩、徐兆洋:《明清时期家族教育中的女性角色——以江南地区秦氏家族为例》,载《汉字文化》2021 年第 A1 期。

所以，笔者希望站在前人研究成果的基础之上，对燕赵地区家族的教育进行较为全面、系统的研究，以期进一步地深化、拓展对燕赵地区家族教育的研究。另外，在既有的家族教育研究成果中，从家族教育与近现代文化转型之关系视角切入的研究成果尚未出现，这就使得我们这一研究具有充分的开拓空间。

### 三、研究方法

(一) 文献研究法

本书主要采用文献研究法，相关的文献史料主要包括：①家谱。家谱内容丰富，主要包括历次重修家谱的谱序、家族历史源流、家族谱系图以及详细的人物行传等。作为丰富的家族文献资料，家谱能够为我们了解家族教育提供一把钥匙。②族人及族人交往的名人文集。此类文献对透视家族教育的内部状况及家族教育的外部影响机制及作用，具有关键意义。③地方志。地方志为了解特定地域的历史沿革、地域风貌、风俗习惯、历史人物等方面情况提供了方便，也是有待发掘的珍贵文献资料。其中的"孝友传""经籍志""烈女传""政事""文学"等主题中包含着大量有关家族教育与地方文化的资料。本书在对上述文献进行搜集、鉴别、分析的基础上，深入考察家族教育与近现代文化转型的关系，得出一系列新的见解。

(二) 田野考察法

田野考察法是人类学常用的方法之一。在教育史研究中，可以适当借鉴使用。正如所说科大卫所说："不跑田野，怎样可以有看透文献的想象力？"因此，对燕赵地区的具有代表性的家族及其所在村落进行田野考察活动是十分有意义且必要的活动。此外，燕赵地区一些家族每年都会汇集来自海内外的族人，举行祭祀活动。这种教化活动也值得去现场感受气氛，并对其族人进行现场访谈。当田野考察活动把书本上的文字变成一幅幅真实的画面时，对于真正感知与触摸研究对象能够激起意想不到的作用。

### 四、重点与难点

（一）重点

本著作重点研究的问题是燕赵地区近现代的家族教育对燕赵地区近现代的文化转型起到了哪些作用。燕赵地区在近现代发生了重大的文化转型，在这样的转型中，家族这一基层社会的重要组织形式参与其中，通过教育的方式发挥了重要作用。为了更为深刻、细致地理解燕赵地区在近现代发生的文化转型，需要集中透视家族教育在其中发挥作用的印迹。

（二）难点

本著作研究的难点是燕赵地区近现代的家族教育对燕赵地区近现代的文化转型发挥影响的机制。燕赵地区近现代的家族教育对燕赵地区近现代的文化转型发挥影响，不是毫无依凭的，而是需要通过特定的渠道、途径来实现。而这样的渠道、途径，往往是以潜隐不彰的状态存在着。因此，这就需要我们通过艰苦的劳动，把这样的机制性要素钩沉、提炼出来。

家族在中华民族历史长河中应属于存在时间最长、分布范围最广的社会组织。因此，它所拥有的民众基数也是其它各类社会组织所无法比拟的。我们可以说,家族是整个封建社会的一个缩影,其内部包含的价值取向、思维方式、道德规范、教育图式等既是整个封建社会的表征,同时地域的划分又使每个家族在发展过程中凝结成了各自的独特性,成为一个地区的文化符号。因此,家族的兴衰也成为社会政通人和或兵荒马乱的指向标,成为维系社会结构的纽带。在此我们需要回到家族研究的最初的问题,即到底何为家族。通过近些年的关于家族研究的成果发现,对于"家族"概念界定问题的研究已颇为深入,各位学者每每谈及家族问题,都会或多或少地在这个问题上发表一些自己的见解,这对于问题的研究解决是有好处的,但是我们应该认识到,自西周宗法制肇始,各个时期的家族即存在着一些共通之处,譬如以血缘为核心、以家庭为基础、有共同的祖先等。同时各个时期的家族发展又有不同的活动内容与表现形式,所以对于家族概念的讨论,我们既要考虑问题的普遍性,把握家族发展历史长河中所生成的共性因子;又要思量问题的特殊性,提取不同时期家族发展所凝结的独特因子。之所以在此提及这个问题,是因为本课题关于家族教育的研究首先就涉及时间脉络的截取问题。探讨家族教育的变革与近现代文化转型的问题,我们在时间点上应着重落在清末民初这一阶段,因为这一时间节点最能充分反应家族教育与近现代文化转型二者之间内在的互动关系。那么我们在研究中就要做到既要充分把握中国家族教育发展长河所生成的共通的教育图式,又要结合时代特点,提取清末民初这一时期家族教育与文化转型碰撞所形成的特殊知识图谱。也只有这样,我们的问题研究才能趋于通透。

当然，本课题研究除了上述的时间变量外，还包含另外一个地理因素——燕赵地区。首先我们要从地理方位上厘清燕赵区域的具体范围。对于古燕赵地域的界定，学术界一般认为它是北起燕山山脉一带，南至黄河下游地区，西起太行山脉，东临渤海这片广袤的区域，包括今天的河北省、北京市、天津市以及山西、山东、辽宁、内蒙古的部分地区，其间涵盖了平原、山地、丘陵、高原等多种地貌，为燕赵文化丰富性的生成提供了地理条件。古燕赵的地理划分可以说是广义上的燕赵，于此相对应的狭义上的燕赵则专指今天的河北地区。本课题研究在地理空间上所限定的燕赵地区即专指今天的河北地区。

燕赵文化的发展大致经历了以下几个时期。在远古时期，燕赵大地就已经开始孕育人类文明，20世纪一项在河北阳原县泥河湾地区的重大考古发掘证明，早在160万年前，河北地区就是远古人类的聚集地。在这里发现了大量的世界上最早的细小石器，有尖状器、刮削器、雕刻器等，共约2000件，这些石器经古地磁专家的测定，证明距今约有160万年。在距今一万年左右，燕赵大地上又先后出现了磁山文化、兴隆洼文化、北福地文化、红山文化、河北仰韶文化、河北龙山文化等。这一阶段，燕赵先民在物质文化、制度文化和精神文化等方面都有建树。这也是燕赵文化的孕育与萌芽时期。随着人口的聚集，燕赵地区产生了中国历史上最早的父家长制家族。[1] 夏商周三代是燕赵文化形成与发展的重要时期,燕赵地区曾是夏商两朝建都立业的重要所在地。相传易水曾是夏代有易氏从事政治、经济活动的区域。藁城市台西村商代遗址的出土文物显示了商代文化的丰富多彩。当时的先人已掘井取水,摆脱了沿河流居住的状况,开拓了活动的领域,会驯养牲畜从事耕作和运输,铜已广泛使用于兵器、祭器、食器中,会制作胎薄施彩的漆器、金玉器等。已有了规模很大的祭祀建筑和酿酒作坊,出现了世界上最早的铁制兵器——铁刃铜钺、医疗器具——砭镰、陶砭和铁矿石和铁矿渣。此外,出土的该时期的丝制品代表了3400年前中国丝织技术的最高成就。商末,河北的中南部是殷商的王畿之地,当时南距朝歌,北至邯郸、沙丘,都为商王的离宫别馆,这里有粮仓、钱库,有苑台、猎场,已是一个规模相当的都市。[2] 可见这一时期燕赵地区文化发展进入了一个新的水平。在西周初年,河北确立了完整、系统的宗法制度,同时也标志着宗法式家族的确立。[3] 在燕赵地区,周武王封召公之子于燕国,封周公之子于邢国,河北成为燕、邢之地,所以宗法

---

〔1〕 按照徐杨杰《中国家族制度史》一书对家族类型的划分,我国原始社会末期存在的众多的父家长制家族,虽是处于雏形阶段的家族制度,形态结构尚不完善,却已经具备了"同一男性祖先的子孙,若干世代聚族而居,以血缘关系为纽带,按照一定的规范结合在一起"这一家族的基本特点,可以肯定,它是我国历史上最早的家族制度。

〔2〕 陈旭霞:《燕赵文化脉理探析》,载《中华文化论坛》2004年第3期。

〔3〕 宗法式家族是以宗法制度为依据所确立的家族制度,其内涵十分丰富,宗法式家族是多类型、多等级、多结构、多层次的,所以宗法制度把他们区分为大宗与小宗,另外还有各种相匹配的制度,像嫡长子继承制、百世不迁和五世则迁、五等服制等。

式家族在河北地区得以生成。到了战国时代,各诸侯之间相互争霸,实力强势的诸侯不断吞并周边国家,最后河北北部属于燕国、南部属于晋国,韩赵魏三家分晋后,大部属于赵国,所以河北有了后世的"燕赵"之称。

汉唐时期,燕赵文化进入了兴盛与繁荣的阶段。这一时期虽然时间跨越较长,也有过战争动乱、割据分裂,但毋庸置疑,这一段历史时期,无论是在经济、政治还是文化学术上,在中国历史上都属于极度辉煌的时期。这一时期,河北地区虽然也伴随着频繁的战争,以及由战争而导致的络绎不绝的居民大迁徙,但是这一过程也强化着燕赵文化,使慷慨悲歌的精神深深地渗融于燕赵人平凡而悲壮、沉稳而积极的日常生活与事业追求中,表现在方方面面,不时地闪现着奇丽的火花,形成了燕赵文化精神的主脉。在汉魏之际,以庄园制经济制度与九品中正制为基础而生成的世家大族式家族在中国历史上留下了浓墨重彩的一笔,在今天的学术界仍有极高的研究价值,在燕赵这片土地上也孕育了诸多影响深远的大家族,譬如博陵崔氏、清河崔氏、范阳卢氏,都是中国汉朝至隋唐时期的著名大族,都源自姜姓,是齐太公的后裔。博陵崔氏因封地崔邑而受姓崔氏,西汉时期崔仲牟定居于涿郡安平县(今河北省安平县),逐渐发展壮大,因安平县后属博陵郡,后世遂称博陵崔氏;清河崔氏,西汉时的崔业定因居于清河郡武城县(今河北故城县),后世遂称清河崔氏;范阳卢氏,因封地卢邑而受姓卢氏,秦汉时期卢氏子孙迁至涿水一带后,定居在涿县(今河北省涿州市),曹魏时置范阳郡而涿州属之,后世遂称范阳卢氏。以上三氏并称

"崔卢",在社会享有极高的声望。燕赵大地塑造了这些大家族的文化,同时这些家族也丰富了燕赵文化的内涵。

两宋时期,国家经济中心南移,河北地处边塞之地且战争频繁,给燕赵之地带来了政治、经济、文化诸方面的融汇,也促成了人民顽强坚韧、骁勇善战、耿介聪明的品格。元明清以降,北京成为全国的政治、文化中心,燕赵地区也有"腹里""京畿"之称,燕赵文化又重新引起了全国的注目。利用地域优势,燕赵文化积极吸收其他地域的优秀文化,逐渐形成了积极进取、包容开放、追新逐奇的文化体系。[1] 鸦片战争后,中国开始了长达百年的救亡图存史,燕赵大地既造就了像张之洞这般睿智、崇实、积极探索救亡图存的晚清重臣,也出现了积极投身于革命事业的无产阶级革命家李大钊,这一时期的家族也受内外影响做出了相应的改变,而最明显的莫过于家族教育,族人在保留优秀家风、家训、道德品质的同时,积极引入西学,实现了教育上的中西融会贯通。接下来我们就要深入探讨在当时的时空下,燕赵大地上的这些家族是如何努力改革家族教育,适应时代需要的。

---

[1] 陈旭霞:《燕赵文化脉理探析》,载《中华文化论坛》2004年第3期。

# 第一章
# 燕赵地区家族教育在近代发生变革的因缘

教育作为一种社会现象,自其产生起就伴随着人类的物质资料生产活动,而家族教育作为教育的一部分,同样也离不开人们的生产活动。但是这种生产活动是在生产力和生产关系的作用下产生的,而人们是无法自由选择生产力和生产关系的。对此,斯大林曾这样进行分析:"人们不能自由选择这种或那种生产方式,因为每一辈新人开始生活时,他们就遇到现成的生产力和生产关系,即前辈人工作的结果,因此这新的一辈在最初必须接受他们在生产方面所遇到的一切现成东西,必须适应这些东西,以便有可能生产物质资料。"[1]也就是说,人们在教育活动过程中,会受到一定的生产力和生产关系的制约,继而教育在不同的历史发展时期会受到当时政治、文化、思想、科学技术等方面的影响,故燕赵地区的家族教育也会随着政治、经济、文化、思想和科学技术的发展而产生剧变。

---

[1] 中共中央马克斯恩格斯列宁斯大林著作编译局编:《斯大林选集》(下卷),人民出版社1979年版,第450~451页。

## 第一节 "西学东渐"的冲击

**一、"西学东渐"的过程**

中国是世界上少有的拥有四五千年文明的国家，更为难能可贵之处在于其连续性。从先秦的诸子百家到秦汉的大一统，再到各个朝代的更替，每个时期都在中华文明史上留下了浓墨重彩的一笔。如果我们从社会形态的角度出发透视，就可以发现，中华文明在其发展过程中经历了两次重大的转变：第一次是从诸侯争霸的先秦时代到秦汉大一统的中央集权的君主专制时代，第二次是从晚清开始的由中央集权的君主专制时代向民主自由的现代社会的转变。第一次转变我们无须再多述，而相较于第一次转变，第二次转变已不仅限于王朝的更替或者是统治思想转换的内部因素讨论，而是内外因素相互激荡、共同作用所造就的结果。其内部因素，诸如清王朝腐败无能，民不聊生，民众生活于水深火热之中，等等。其外部因素在当时的社会语境下可以概括为"西学东渐"。它对中国当时的冲击不仅有物质层面上的，还有更深层次的精神层面上的，家族教育面对的这种冲击又会如何应对呢？笔者认为，家族面对这种冲击，绝不是简单地遵循所谓的"冲击--反应"模式，它不是家族固有的教育模式对西方文化刺激的一种消极的反应，更不是用西方教育取代家族原有的教育。从当时来说，家族面对西学的冲

## 第一章　燕赵地区家族教育在近代发生变革的因缘

击正如西学东渐之"渐"字，家族是为了家族生存，主动做出改变，通过各种方式吸收西学中的有益成分，并融入原有的家族教育图式之中的一个循序渐进的过程。

"西学东渐"作为一个整体词语被人们所熟知得益于容闳，他在1909年著英文自传 My Life In China and American。1915年，恽铁樵和徐凤石把该书译成中文，交商务印书馆出版时，取的书名即为《西学东渐记》，该书名为其最早的词源。[1]"西学东渐"作为一个整体词虽然不是古汉语的词，但它的组成部分"西学""东渐"却见诸各种古籍之中。《礼记·祭义》云："祀先贤于西学，所以教诸侯之德也。"郑玄注："西学，周小学也。"这里的西学与现在意义上的西学完全不同，专指周的小学。《夏书·禹贡》载："东渐于海，西被于流沙。"晋人葛洪《抱朴子·钧世》载："故水不发崐山，则不能扬洪流以东渐。"这里的"东渐"意为向东流入。林纾《送文科毕业诸学士序》："欧风既东渐，然尚不为吾文之累，敝在俗士以古文为朽败。"在这里"东渐"一词已经引申为向东方流传。

几经辗转，就"西学东渐"的意涵，人们逐渐形成了共识，其主要指的是西方思想、文化向中国传播的历史过程。从历史的实然状态来说，其始于明末清初，直至晚清民国时期，长达三百余年。在此期间，根据中国士人对西学态度的不同，可以将"西学东渐"分为两个阶段。

第一阶段在时间范围上为明末到清代中叶这一时期。成规

---

[1] 容闳：《西学东渐记》，恽铁樵、徐凤石译，商务印书馆1915年版。

模的西学东渐开始于明末,自1583年利玛窦入华传教为标志,到1713年清廷实行全面禁教为止,持续了一个多世纪。[1] 在这个过程中传教士扮演了相当重要的角色。耶稣东来的目的是为了向中国传播基督教,这也是他们使"西学东渐"的本意。我们所熟知的利玛窦当时在中国传教时发现,"欲归化中国民众,先该从中国儒士入手","与儒士交际当以学问为工具",因此,他"即从经验所得,以学问定为传教之原则,故在肇庆时,即将以在罗马所学一切天算、理化等学,详为儒士讲解,以作会谈之资料,一时颇得人民之好感也"。[2] 时间来到清朝中叶,清王朝历经康熙、雍正两位皇帝的励精图治,国家已经相对稳定下来。但是国家在政治体制、思想观念等方面却完全趋向于保守;经济上延续传统的农业自给自足,抑制商业、手工业等的发展。特别是在科学和文化方面实行自我封闭,自觉和不自觉地排斥西方科学技术。据马嘎尔尼所著《1793乾隆英使觐见记》记载,乾隆称:"天朝物产丰盈,无所不有,原不藉外夷货物以通有无。"这既是朝廷对国家实力的自信表现,同时也是朝廷趋于保守的心境的体现。在这种情况之下,第一波"西学东渐"风气也随之结束。这一时期西学东渐虽然吸引了相当多的学者以好异的眼光开始关注西学,但此次"西学东渐"并未引起中国文化向近代的转型。另外,受其传播形式与内容的限制,并未受到广泛的重视,对于家族来说影响甚微,对家族教育的

---

[1] 邹小站:《西学东渐:迎拒与选择》,四川人民出版社2008年版,第2页。
[2] 于桂芬:《西风东渐——中日摄取西方文化的比较研究》,商务印书馆2001年版,第41页。

## 第一章 燕赵地区家族教育在近代发生变革的因缘

变革很难产生大的影响。此时中国的统治者阶级对西学的态度是抵制抗拒，他们不愿意承认西方文化的先进性，认为西方文化只是一种技艺，对此表示不屑。但是，仍然有少数的中国上层知识分子开始意识到西方学问之中有其优于中国之处，逐渐接受西方科学知识和技术。然而，这一阶段的"西学东渐"并未对中国的传统思想文化造成巨大的影响，大部分中国人依然保持着封闭保守的心理定势。与此同时，在西学传播过程中，那些天文历法、数学、地理以及某些西洋器艺技术对中国传统文化的冲击亦十分有限。这一阶段的"西学东渐"最终由于清朝雍正皇帝的禁教以及海禁政策而几近中断，但是，"它给中国传统文化这块平静的湖面上投入了一块石子，不仅打破了它的平静，而且激起了一阵波澜"，[1]对中国传统文化的转型与发展起到了一定的推动作用。

第二阶段是鸦片战争之后，国门洞开，伴随大量西方传教士和外国商人的进入以及坚船利炮的轰击，国人开始逐渐被迫接受西学，当然其中也有一些保守派人士依然持有排斥异己的态度。这一时期的国人感受到了中国传统文化受到冲击，对西学采取排斥的态度，但与此同时，国人面对西方列强侵略的事实而感受到不得不学习西学，以此抵抗西方，也就是所谓的"师夷长技以制夷"，于是出现了洋务派，主张"中学为体，西学为用"。他们开始创办洋务学堂和派遣留学生到西方国家学习，冀图自强求富。但是，后来伴随着甲午中日战争中国战败，

---

[1] 顾明远：《中国教育的文化基础》，山西教育出版社、山西出版传媒集团2004年版，第166页。

残酷的现实告诉中国人,仅仅学习西方技术是不能改变国破家亡的命运的,于是有许多有识之士开始积极全面向西方学习,出现了康有为、梁启超、谭嗣同等维新人士,强调既要学习西方科学文化知识,又要求改变封建专制政体,自此中国封建的传统文化受到了猛烈抨击。直至进入民国时期,"西学东渐"仍未结束,尤其是五四运动时期,民主与科学的思想对中国传统思想和文化造成了巨大的冲击。

总体来看,"西学东渐"的这两个阶段存在一个根本的区别,那就是对西学的态度,明末清初时期国人对于西学主要持排斥、拒绝的封闭自大态度,而清朝鸦片战争之后,国人开始被迫接触西学,学习西学,承认技不如人。简言之,"西学东渐"是一个由拒绝学习到被迫学习西学的过程,而且"西学东渐",尤其是第二阶段的"西学东渐",对中国的传统思想文化造成了巨大的冲击,是中国传统思想文化转型的重要推动力量。

### 二、"西学东渐"对中国传统思想文化的冲击

1840年鸦片战争爆发,自此改变了中国的历史面貌,"闭关锁国"的大门在"欧风美雨"中被迫敞开,从"天朝上国"的尊崇地位沦为落后挨打的屈辱地位,中国逐渐进入半殖民地、半封建社会。自此之后,中国面临着帝国主义入侵的刺激以及西方列强的商品输出和资本输出,资本主义经济逐步发展。与此同时,西方文化伴随着血与火如潮涌入中国,中国文化两百年的封闭状态在此被迫终结。在中国政治、经济变革的环境下,一些开明之士对中国传统思想文化进行反思,开始了救亡图存

## 第一章　燕赵地区家族教育在近代发生变革的因缘

的探索之路。

从林则徐"开眼看世界",到魏源在《海国图志》一书中提出"是书何以作?曰:为以夷攻夷而作,为以夷款夷而作,为师夷长技以制夷而作",[1] 再到张之洞提出"中学为体,西学为用"思想,中国先进人士逐渐意识到学习西艺的必要性和重要性。但是,郑观应认为,仅将"制器"作为学习的重点是不够的,应该全面学习西学,并且将西学分为天学、地学和人学三类,指出其"皆有益于国计民生,非奇技淫巧之谓也"。[2] 此外,他还猛烈抨击传统的科举考试制度"专尚制艺",认为科举制度致使知识分子"以有用之心力,消磨于无用之时文"上,造成了"所学非所用,所用非所学"的局面。[3]

郑观应提倡学习有用之学的思想对当时的开明之士起到了一定的思想启蒙作用。盛宣怀指出:"自强之道,以作育人才为本,求才之道,尤宜以设立学堂为先。"[4] 李端棻则提出要建立学校系统,"自京师以及各省府州县皆设学堂"。[5] 之后,为实现救亡图存,康有为请求变法,主张"广开学校,以养人

---

[1] 陈学恂主编:《中国近代教育文选》,人民教育出版社1983年版,第2页。
[2] 陈学恂主编:《中国近代教育文选》,人民教育出版社1983年版,第51页。
[3] 陈学恂主编:《中国近代教育文选》,人民教育出版社1983年版,第39~44页。
[4] 陈学恂主编:《中国近代教育文选》,人民教育出版社1983年版,第72页。
[5] 陈学恂主编:《中国近代教育文选》,人民教育出版社1983年版,第64页。

才"。[1]然而，严复认为仅仅依靠新式学堂难以彻底改变中国的困境。他以西方资产阶级思想与文化理论为基础，批判中国传统的封建思想与文化，指出中国"积贫积弱"之根源在于"民力已茶，民智已卑，民德已薄"，并且为改变此格局，他提出通过改良主义道路来"鼓民力""开民智""新民德"。[2]

从"师夷长技以制夷"到"托古改制"再到"新民德"，在不同程度上促动了晚清时期中国传统思想的解放，但陈独秀认为这并未对中国"极重大之问题"有"彻底之觉悟"，指出中国最根本的问题乃伦理问题，而且"伦理问题不解决，则政治学术，皆枝叶问题"。[3]此外，他还点明"伦理的觉悟"首在个人主义的觉醒，指出"封建时代，君主专制时代，人民惟统治者之命是从"，而"近世国家主义，乃民主的国家，非民奴的国家；民主国家，真国家也，国民之公产也，以人民为主人，以执政为公仆者也；民奴国家，伪国家也，执政之私产也，以执政为主人，以国民为奴隶者也"。[4]陈独秀看到了封建君主制度的种种罪恶，如破坏人们的独立人格、窒息人们的自由思想、剥夺人们的平等权利等，提议要改变"伪国家"就必须要建立"民主的国家"，提倡民主的思想。

---

[1] 陈学恂主编：《中国近代教育文选》，人民教育出版社1983年版，第107页。

[2] 陈学恂主编：《中国近代教育文选》，人民教育出版社1983年版，第173~174页。

[3] 陈学恂主编：《中国近代教育文选》，人民教育出版社1983年版，第402页。

[4] 陈学恂主编：《中国近代教育文选》，人民教育出版社1983年版，第396~397页。

## 三、"西学东渐"对家族教育影响的表现

探讨"西学东渐"对家族教育的剧变所带来的影响,我们可以从内外两个角度来思考,外部即面对西学的冲击,为顺应时势,不得不对家族教育做出的改变,内部即看清时势主动做出的改变。关于外部的冲击,我们在上文中有所描述,第二波的"西学东渐"风气的冲击已经深入中国内陆,不管是以传教的方式抑或是学术思想传播的方式,都直接或间接地影响了家族教育的变革。据《北店头贾氏族谱》记载,贾氏第十五世贾云桂夫人张春云,在当时就积极接受新式思想,改革家族教育。随着清朝的衰落,贾氏后人不懂得适应社会发展变化而改变生活方式,弃旧图新。尤其到了第十六代,有的吸毒,有的吃喝嫖赌、醉生梦死,一半以上家庭全面破产,个别还成了讨饭户。第十五代时家族还出现了几个武秀才,使贾氏成了军旅家族。但是他们抱残守缺,不能做到与时俱进,不知道西式枪械已进入中国,不肯到组建的新军服务,也不去新办的讲武堂一类的新式军校求学,所以这一代贾氏武夫没有一个学习现代军事技术,武官世家门口上的"武魁"金字大匾也渐渐失去了光泽。于是,这个大家族逐渐败落,走向解体。但是这一支的十五世贾云桂的夫人张春云是个例外。张春云1889年出生于河北望都县的一个中医世家,于1921年嫁到北店头村。自幼在传统美德文化的熏陶下成长,虽然没有受过正规的文化教育,但她非常

好学，而且能明辨是非，因此文化底蕴比一般家庭妇女要高。[1]据贾曼鸥《我的祖母张春云》描述，北店头村文化氛围浓厚，张春云女士耳濡目染，接受了不少新鲜事物。二三十年代北店头村就有二三十人在外读书，有的读大学，有的读中学，而其中不少是女性，如贾曼鸥的三姑贾鸣琴，中共地下党员贾金铮等。男的有四五个大学生和十多个中学生，每到寒假这些学生结伴回家，聚在一起讲论国际国内大事，张春云非常喜欢听，常邀请度假的学生到家聚会。[2]久而久之，张春云女士通过这种方式，接受现代教育，接受新的西式科学观念，改革家族教育，从而使濒临没落的家族以新的面貌兴旺起来。北店头贾氏家族也不乏面对新的形势而主动做出的改变。贾云桂、张春云夫妇曾资助本族贾裴卿赴日本留学，1909年归国后在全县推行国民教育，举办唐县师范讲习所，培养了一批师资，努力以洋学堂代替旧私塾。北店头贾氏家族的案例向我们证明了"西学东渐"对宗族教育的冲击，以及族人面对这种冲击所做出的改变。

"迫世西学东渐，凡大而朝章国政，细而名物象数风俗习惯，毅然思变。"[3]在经历了西方思想与文化的洗礼之后，中国由传统向近现代转型，同时新思想也为近现代燕赵家族教育的发展与变革提供了丰富的思想营养。以自由、平等和民主为核心内容的近代新文化新思想在燕赵地区产生了广泛的影响，

---

[1] 贾曼鸥：《我的祖母张春云》，保定延安精神研究会2002年编印，第4页。
[2] 贾曼鸥：《我的祖母张春云》，保定延安精神研究会2002年编印，第9页。
[3] 马春晟等：《沧州东光马氏家乘十修谱》，民国十一年（1922年）刻本，不分卷，序言。

民主和平等意识深入人心，而且在族谱中也有所体现，如出现了"公议""公阅"等字眼。如东光马氏祠堂约言："办事之人代族长服劳，不得竟以族长自居，如有公事，仍当告诸族长，商诸族人"，"凡族长与诸办事者年终即各自己告退，或去或留，族人有公议"，"管账人泽济不得私行借贷，须出入分明，账目清白，岁终族人公阅"。[1] 这表明，在一个大家族里，不再是族长、尊长说了算，其他族人也拥有了一定的话语权，这也进一步说明家族的传统封建伦理和宗法思想在一定程度上被逐渐削弱。再如，民国年间《东光门氏家乘》中记载，"女子有继承财产权，是提倡男女平权之基础也"[2]，并且"提倡民主自治"[3]。这从中映射出东光门氏家族的民主平等观念。也就是说，马氏家族通过家规的形式凸显民主权和平等权的重要性，希望培养出具有民主与平等意识的族人。

总的来说，在中国近现代，传统思想在中西文化的互动与碰撞中获得了解放，与此同时，燕赵地区的家族教育思想和观念也随之发生了变化。

当然，除了"西学东渐"的冲击，国家政策的调适也是家族教育发生变革的另外一个重要原因。

---

[1] 马春晟等：《沧州东光马氏家乘十修谱》，民国十一年（1922年）刻本，不分卷，祠堂约。

[2] 于秀萍、刘月霞：《明清以来华北家谱中的家训资料辑录》，团结出版社2017年版，第175页。

[3] 于秀萍、刘月霞：《明清以来华北家谱中的家训资料辑录》，团结出版社2017年版，第176页。

燕赵地区家族教育的变革与近代文化转型

## 第二节 国家政策的调适

传统道家哲学思想认为,万物变化所遵循的规律中最根本的是"物极必反",用老子的话来说就是"反者道之动"。意思是说,任何事物的某些性质如果向极端发展,这些性质一定会转向它们的反面。[1]明清之际实行闭关锁国政策。所谓闭关,在当时来说就是一方面禁止中外贸易,另一方面禁止传教士在中国传教。这种闭关政策在清中晚期尤甚,对中外贸易以及"夷人"在中国的活动做了严格的限制。中国也因此错过了西方科技革命的大潮,导致这一时期中国科学技术远远落后于西方。从1840年鸦片战争开始,闭关政策变成了被迫的国门洞开,西方学术思想蜂拥式进入中国,这也恰体现了老子的"反者道之动"的原理。面对新的形势,清政府不得不改变国家政策以维护自身的统治,这些政策的变革也直接或间接地影响了家族教育的发展。

### 一、由闭关锁国到国门洞开

鸦片战争以前,清政府在对外交往上整体上实行的即为闭关锁国政策,虽然也有一些局部的开放,像康熙在1684年为了奖赏荷兰在收复台湾时的对于朝廷的帮助,下令在厦门设立闽

---

[1] 冯友兰:《中国哲学简史》,北京大学出版社1997年版,第85页。

海关,准许开海贸易;在1727年,雍正在强烈的开海呼声之下,下令开洋禁,允许商民前往南洋开展贸易[1],即使到了对海外贸易更为严格限制的乾隆时期,仍保留了广州作为对外贸易中心。但是这些仅仅是中国的局部甚至是一隅之地的开放,在严格的闭关锁国政策之下,西学很难广泛渗入到中国民众之中,对中国文化教育影响甚微。然而这一切在鸦片战争后发生了巨变,清廷由闭关锁国政策转换为"对外开放",虽然这种开放属于被迫的无奈之举。

鸦片战争后,中国战败,双方签订《南京条约》,除了割地赔款以外,另开广州、厦门、福州、宁波、上海五处通商口岸。以此为开端,中法签订的《黄埔条约》、中美签订的《望厦条约》,让法国、美国获得了通商、传教的权利。这些条约的签订,一方面显示了清廷的腐败无能,另一方面又从侧面起到了西学在中国弥散的作用。特别是第二次鸦片战争时期,清廷同列强签订的《天津条约》,允许外国人在中国内陆游历、通商、传教。这就使洋人在中国内陆的各种活动合法化,进一步推进了西学在中国的深入传播。从传播的内容来看,鸦片战争后的一段时间内,由于西方文化的传播主体仍是传教士,所以传播内容以宗教为主。根据熊月之先生的研究,从1843年到1860年,在香港及五个通商口岸所出版的西学译本中,宗教读物占有极大的比重,而世俗读物在这一时期比重甚微。以上海为例,在这一时期出版图书达171种,其中宗教读物占138种,其余为

---

[1] 邹小站:《西学东渐:迎拒与选择》,四川人民出版社2008年版,第51页。

世俗读物。[1] 其他几个地区情况也基本如此。但是这一时期由于中国知识分子的参与，传教士的出版物在文辞上极为雅洁。另外，中国知识分子对于世俗出版物表现出更为浓厚的兴趣，他们积极翻译西方近代科学著作，门类齐全，涉及数学、天文学、医学、力学等各方面，使得完整的西学知识体系得以在中国构建起来。

伴随着西方殖民者的入侵，除了西方科学知识的传入以外，还有一个殖民扩张的产物不得不提，那就是教会学校，其中我们比较熟知的是英华书院。它是英国传教士马礼逊于1818年在马六甲所办，在1843年迁入香港，是第一所主要面向华人的学校；其次还有马礼逊学堂，于1839年在澳门成立，后迁往香港，成为香港开埠后的第一所学校，它也是最早设立在中国本土的教会学校，是一所专门针对华人开办的学校，开创了教会在华办校的先河。另外还有1844年创办的宁波女塾，是传教士在华创办的第一所女学。这些教会学校在课程上既有迎合学子需求的儒家经典课程，[2] 还有宗教、外语、西学等新式课程。这些教会学校既带有强烈的殖民性质，是近代教育主权不能独立的表现，但教会学校的广泛设立，无疑加速了西学在中国传播的进程，开阔了中国人的视野。对于土生土长的家族教育来说，对其教育体制、课程、教学方法等方面的改革，都提供了

---

[1] 熊月之：《西学东渐与晚清社会》（修订版），中国人民大学出版社2011年版，第205~213页。

[2] 由于这一时期，科举制还未废除，中国广大的学子仍然在积极地追求入仕，所以教会学校为了招生，不得不开设这方面的课程。

不同于以往传统教育的新鲜血液。

## 二、从"以农立国"到"以商立国"

封建社会时期,自给自足的自然经济模式致使农本主义思想顽固,反映到封建政府的经济政策上来,便是长期推行重农抑商、崇本抑末的政策。直到甲午中日战争中国惨败之后,虽然清政府尚未摆脱农本主义思想的桎梏,但是已经开始意识到要抵抗西方列强的侵略就不能忽视商业和工业的发展,表示要"以恤商惠工为本源"。[1]这种经济观念的提出不得不说是对传统农商政策的一个大的跨越,为以后"工商皆本"经济政策的提出打开了通道。

在此之前,清政府自认为的"自强"和"求富"之道仅仅局限于创办军事、民用企业和新式学堂,但是洋务企业和新式学堂的开办并未从根本上改变中国积贫积弱的局面。随后一些有识之士上奏自强富国之计,纷纷呼吁发展民族工商业。康有为指出,真正实现富国养民需要依赖以下办法,即"富国之法有六:曰钞法,曰铁路,曰机器轮舟,曰开矿,曰铸银,曰邮政……养民之法:一曰务农,二曰劝工,三曰惠商,四曰恤穷"。[2]受康有为上书的影响,胡燏棻也奉上奏折,提出"目前之急,首在筹饷,次在练兵,而筹饷练兵之本源,尤在敦劝

---

[1] 朱寿朋:《光绪朝东华录(四)》,中华书局1958年版,第3631页。
[2] 中国史学会:《中国近代史资料丛刊·戊戌变法(二)》,上海人民出版社1957年版,第168页。

工商，广兴学校"。[1] 在官员们的强烈吁请之下，清政府逐渐意识到当时的严峻形势，开始重视工商业的发展。光绪二十一年（1895年）闰五月上谕称："叠据中外臣工条陈时务，详加披览，采择施行，如修铁路、铸钞币、造机器、开各矿……大约以筹饷练兵为急务，以恤商惠工为本源，此应及时举办。"[2]甲午战争后的清政府清晰认识到发展民族工商业的迫切性，决定改变原来的经济政策，由以农立国转向以商立国，不再强调官办或者官督商办企业，而是支持发展民间工商业。除此之外，甲午战争后外商在华设厂以及中国大量利权外溢的局面也是推促清政府转变经济政策、支持民间工商业发展的重要缘由。清政府认为，"马关条约于我华民生计，大有关碍，亟宜设法补救"。[3] 为了更好地抵御西方列强对中国商品输出和资本输出的冲击，促使中国在经济竞争中得以"夺其利，敌其货"，[4]清政府发布诏令指出，"振兴商务，为富强至计，必须讲求工艺，设厂制造，始足以保我利权"。[5]

由此可见，在甲午战争中国战败的刺激下，朝廷上下几乎都在为寻找富强御侮之道而深感忧虑，清王朝为维护自身统治，

---

[1] 中国史学会：《中国近代史资料丛刊·戊戌变法（二）》，上海人民出版社1957年版，第278页。

[2] 朱寿朋：《光绪朝东华录（四）》，中华书局1958年版，第3631页。

[3] 中国史学会：《中国近代史资料丛刊·戊戌变法（二）》，上海人民出版社1957年版，第3页。

[4] 中国史学会：《中国近代史资料丛刊·戊戌变法（二）》，上海人民出版社1957年版，第146页。

[5] 中国史学会：《中国近代史资料丛刊·戊戌变法（二）》，上海人民出版社1957年版，第39页。

## 第一章　燕赵地区家族教育在近代发生变革的因缘

转变以往重农抑商、崇本抑末的经济政策，开始重视民间工商业的发展，采取以商立国的措施。而且，在之后的戊戌变法期间，清政府还颁布了一系列振兴工商的措施，如颁行《振兴工艺给奖章程》、设立商务局和农工商局等。但是，后来由于慈禧太后对光绪帝的制约和压制，这些发展工商业的措施在地方上未能很好地得到落实。

地方工商业真正得到顺利发展是在清末"新政"时期，当时清政府深刻意识到，"通商惠工，为古今经国之要政，自积习相沿，视工商为末务，国计民生，日益贫弱，未始不因乎此，亟应变通尽利，加意讲求……尤应不遗余力，庶几商务振兴，蒸蒸日上，阜民财而培邦本。"[1] 新政期间，清政府进一步推行振兴工商业政策，倡导创办工商企业，设立商部，颁布《钦定大清商法》《商会章程》等一系列工商业规章和奖励实业办法，而且"自光绪末，通都市埠，皆准创设商会，以维护商业，注册商部官为许可，文牍往来，官视若法定之焉，厥后，各州县亦纷纷设立"[2]。这些振兴工商措施的实施进一步促进了地方工商业的发展。如民国《清苑县志》记载，清苑地区"土平衍而硗瘠，物产不丰，人性又朴拙少技能，且拘泥于重本抑末之陈言"，[3] 鸦片战争后海禁开，再加上清政府鼓励实业政策

---

[1]　朱寿朋：《光绪朝东华录（五）》，中华书局 1958 年版，第 5013~5014 页。

[2]　《集成》编辑工作委员会：《中国地方志集成·河北府县志辑 43：康熙盐山县志-民国盐山新志》，上海书店出版社 1996 年版，第 205 页。

[3]　《集成》编辑工作委员会：《中国地方志集成·河北府县志辑 29：民国文安县志-民国清苑县志》，上海书店出版社 1996 年版，第 428 页。

的颁布,当地民众"亟始悟守旧之非策,而思于工商,努力奋起"[1]。当时,在清苑地区建立起了许多工厂,如乾义面粉公司、电灯公司、庆兴蛋厂、布云工厂、群玉球拍工厂、育德工厂等。

在燕赵地区工商业经济发展的同时,地方家族的经济教育也随之发生变化,以往重农抑商的教育观念发生转变,士农工商皆本的经济思想在家族教育中显露出来。如衡水《故城祕氏族谱》的"凡例"中有"士农工商皆本业"[2]的记载。再如,保定《清苑宋氏宗谱》记载,"子孙应各察其才质所近授以四民之业,使之有以自立于人世之间,女子则教以礼,经所谓沐瀚织纴烹调祭祀之事,以勤俭孝敬助其夫而成其家,一家如此,即一国之兴亡隆替亦莫不视此,因撰家训俾吾兄弟朝夕讽诵之。"[3]可见,宋氏族人劝诫子孙要因材施教,"各察其才质所近授以四民之业",不再拘泥于传统的耕读传家思想,而是将生存之道转向士农工商各个行业,以此"自立于人世之间"。

### 三、改革与废除科举制度

晚清时期,尤其是甲午战争中国签订《马关条约》之后,清政府深刻认识到民族危机日益加深,此时的光绪帝迫切希望

---

[1]《集成》编辑工作委员会:《中国地方志集成·河北府县志辑43:康熙盐山县志-民国盐山新志》,上海书店出版社1996年版,第428页。

[2] 冯尔康主编:《清代宗族史料选辑(中)》,天津古籍出版社2014年版,第1393页。

[3] 宋彬:《保定清苑宋氏宗谱》,民国十二年(1923年)刻本,卷首,宋氏宗祠碑记,第2页。

第一章　燕赵地区家族教育在近代发生变革的因缘

改变中国挨打落后的困境。与此同时，维新人士也认识到要想挽救中国的命运，须要进行教育改革，尤其是科举制度的变革，正如梁启超所言，"亡而存之，废而举之，愚而智之，弱而强之，条理万端，皆归本于学校"[1]，究其根本，"兴学校，养人才，以强中国，惟变科举为第一义"[2]。自此之后，变科举的声音愈演愈烈。康有为在《请废八股试帖楷法试士改用策论折》中指出，"惟今变法之道万千，而莫急于得人才；得才之道多端，而莫先于改科举，今学校未成，科举之法，未能骤废，则莫先于废弃八股矣。"[3] 而且，他还点出"中国之割地败兵也，非他为之，而八股致之也"[4]。因此，他奏请光绪帝，"立废八股，其今乡会童试，请改试策论……然后宏开校舍，教以科学，俟学校尽开，徐废科举。"[5] 之后，康有为改科举废八股的奏议得到了梁启超、宋伯鲁等官员的认可，其等相继奉上奏折。梁启超将"邑聚千数百童生，擢十数人为生员；省聚万数千生员，而拔百数十人为举人；天下聚数千举人，而拔百数人为进士；复于百数进士，而拔数十人入翰林，此其选之精也；然内政外交，治兵理财，无一能举者"的现状，归因于科举制度，认为科举考试制度致使知识分子"学非所用、用非所学"，须要对科举制进行必要的改革，故奏请"停止八股试帖，推行经济

---

[1]　陈学恂：《中国近代教育文选》，人民教育出版社1983年版，第130页。
[2]　陈学恂：《中国近代教育文选》，人民教育出版社1983年版，第139页。
[3]　舒新城：《中国近代教育史资料》，人民教育出版社1981年版，第36页。
[4]　舒新城：《中国近代教育史资料》，人民教育出版社1981年版，第38页。
[5]　舒新城：《中国近代教育史资料》，人民教育出版社1981年版，第39页。

六科，以育人才而御外侮"。[1] 宋伯鲁也同样上奏折，提出"将经济岁举归并正科，并饬各省生童岁科试迅即遵旨改试策论"[2] 的建议。在康有为、梁启超等开明人士的努力下，光绪帝采纳了废八股改策论的建议，于1898年5月下谕旨："著自下科为始，乡会试及生童岁课各式向用四书文者，一律改试策论。"[3] 虽然八股文废除后科举制度依然存在，但是其主要考试内容不再仅仅是枯燥无味的四书五经，而是增加了与时务相结合的策论，这就说明科举考试的内容已经发生了根本性变化。

然而，由于慈禧的强烈反攻，维新变法仅仅持续了百天，不过，科举改革的步伐却并没有因此而中断。尤其是《辛丑条约》签订之后，国人救亡图存的意识持续增强，改革科举的呼声不断。慈禧太后为缓解国内外危机的压力，1901年宣布实行新政，并颁布上谕："自明年为始，嗣后乡会试，头场试中国政治史事论五篇，二场试各国政治艺学策五道，三场试《四书》义二篇、《五经》义一篇，考试试差庶吉士散馆均用论一篇策一道，进士朝考论疏，殿试策问，均以中国政治史事及各国政治艺学命题。以上一切考试，凡四书五经义均不准用八股文程式，策论均应切实敷陈。"[4] 自此之后，八股文再次被废除，改为策论。与此同时，洞悉科举之弊病的明哲之士再次奏请改革科

---

[1] 中国史学会：《中国近代史资料丛刊·戊戌变法（二）》，上海人民出版社1957年版，第343~344页。

[2] 中国史学会：《中国近代史资料丛刊·戊戌变法（二）》，上海人民出版社1957年版，第347页。

[3] 朱寿朋：《光绪朝东华录（四）》，中华书局1958年版，第4102页。

[4] 朱寿朋：《光绪朝东华录（四）》，中华书局1958年版，第4697页。

## 第一章 燕赵地区家族教育在近代发生变革的因缘

举。张之洞与刘坤一联合上奏《奏议变通政治人才为先折》,指出育才兴学主要有以下办法:设文武学堂,酌改文科,停罢科举,奖劝游学。[1] 之后,张之洞又与袁世凯联名奏请变通科举,明确指出"欲补救时艰,必自推广学校始,而欲推广学校,必自先停科举始"。[2] 但是,在后来实际操作过程中,张之洞等人并没有直接提议立即废除科举制度,而是提出递减科举考试取中名额,以此为后续废除科举制度做好准备。然而,这一措施并未得到彻底的落实。最终由于内外危机进一步加深,于1905年直隶总督袁世凯、盛京将军赵尔巽、湖广总督张之洞、两江总督周馥、两广总督岑春煊、湖南巡抚端方等六位封疆大吏联名上奏朝廷,请求"立停科举以广学校"。[3] 在"变科举"的强烈呼声下,光绪皇帝诏准袁世凯等人奏请停止科举的折子,下令"自丙午科为始,所有乡、会试一律停止,各省岁科考试,亦即停止"。[4] 此上谕宣告了在中国历史上延续了1300多年的科举制度被最终废除,科举取士与学校教育彻底脱钩。

科举制的废除推促家族转变传统的教育观念,将登科入仕的教育目标扩展到士农工商各个行业。在科举制度废除之前,家族将自身的延续与发展寄托于族人通过科举而仕进上,凡族

---

[1] 舒新城:《中国近代教育史资料》,人民教育出版社1981年版,第47页。
[2] 朱寿朋:《光绪朝东华录(五)》,中华书局1958年版,第5390~5391页。
[3] 舒新城:《中国近代教育史资料》,人民教育出版社1981年版,第62~63页。
[4] 朱寿朋:《光绪朝东华录(五)》,中华书局1958年版,第5392页。

人"子弟资性可教者,父兄宜延明师教之",[1]希望以此达到家族的最高教育理想,即"在国为忠臣,在家为良士"。[2]然而,到了晚清时期,封建专制统治开始动摇,科举考试制度逐步走向衰落直至废止。自此改变了中国知识分子通过科举入仕提高自身及家族社会地位的途径,这也就致使族人转变了以往"登第登台鼎"的传统教育思想,不再将读书出仕作为家族发展的唯一道路,而是跟随时代发展的步伐,与时俱进,适时调整教育策略,教育族人选择新的生存之道,走向各个行业。如保定清苑宋氏族人训诫"子孙应各察其才质所近授以四民之业,使之有以自立于人世之间"。[3]族人以此为家训,朝夕诵读。宋氏宗族通过家训的形式教育族人各立其业,提倡社会角色多样化,主张通过不同职业来实现自身或者家族社会声望的抬升。也正是这样的家风促使宋氏十四世宋焕章在军事方面取得重大成就:前清由武备学生保至正参领花翎二品衔;民国时带领陆军,由步兵少校晋至少将加中将衔,带队参加欧战,以寡敌众,获得胜利。再如,唐山乐亭刘氏族人刘如琥,考虑到士农商三者均不可或缺,故对三个儿子的未来出路做好打算。长子刘兆京在家经营务农,以坚守本业;次子刘兆年经营商业,以积累

---

[1] 冯尔康主编:《清代宗族史料选辑(下)》,天津古籍出版社2014年版,第1757页。

[2] 冯尔康主编:《清代宗族史料选辑(下)》,天津古籍出版社2014年版,第1757页。

[3] 宋彬:《保定清苑宋氏宗谱》,民国十二年(1923年)刻本,卷首,宋氏宗祠碑记,第2页。

财富;三子刘兆熊读书入仕,以支撑门户。[1] 在此可以明显地看出近现代燕赵家族的教育目标已然发生了明显的异变,改变了传统的本末论,而是文商并重、本末俱利。

**四、建立新式教育体制**

科举制的废除对于中国近代教育事业的发展来说,无疑是消除了教育近代化发展道路上的最大障碍。同样,清末新政时期建立的新式教育体制也是推进中国教育近代化进程的一项重要保障。中国近代较为系统、完备的学制是1902年由管学大臣张百熙主持下制定的《钦定学堂章程》,即"壬寅学制",这是"中国近代第一个以中央政府名义制定的全国性学制系统"[2]。但是,该学制由于本身的不足而尚未实行,很快于1904年被"癸卯学制"所取代。癸卯学制规定将教育过程分为初等教育、中等教育和高等教育三个阶段,其中,初等教育又分为蒙养院、初等小学堂和高等小学堂。除此之外,还设有师范学堂、实业学堂、实业补习普通学堂和艺徒学堂。新式教育体制的建立改变了私学、官学和书院并立的传统教育体系,在一定程度上推动了新式学堂的发展。与此同时,也促进了中国传统教育向近代教育的转轨。

然而,《奏定学堂章程》中规定,新式学堂的立学宗旨是"无论何等学堂,均以忠孝为本,以中国经史文学为基,俾学生

---

[1] 李荣亭:《京东第一家》,政协乐亭县委员会1996年版,第9页。
[2] 孙培青主编:《中国教育史(第三版)》,华东师范大学出版社2008年版,第346页。

心术一归于纯正,而后以西学瀹其知识,练其艺能,务期他日成才,各适实用,以仰副国家造就通才、慎防流弊之意"。[1]也就是说,各类新式学堂在课程设置上依然注重中国经史文学,以忠孝为本,带有浓厚的"中体西用"的封建性色彩。同时,这也就很好地解释了清末废除科举制度后家族教育在引进西学课程的同时依然学习封建伦理教育的本原所在。虽然封建教育色彩难以在短时间内消除,但新式学堂在教育方法上却是有所改变,"教授悉用新法,重讲解不重背诵"[2]。与此同时,还突破了传统以儒家典籍为主的单一教育内容。新式学堂除了教授修身、读经等传统课程之外,还开设了外国语、历史、物理、化学、地理等西方文化课程。[3] 总体而言,新式学堂教育带有一定的封建性,但增加的西方自然科学和社会政治知识的教育内容以及重讲解的教学方法,可以说是中国近代教育发展史上不可否认的一大进步。

在旧式学校改制、新式学堂兴起的大环境之下,直隶提学司通饬各属改良私塾,"务须督饬劝学员绅,一面整顿已设之学堂,一切规模课程悉臻完善,使之有所观感而起则效之心"[4]。燕赵地区家族积极参与教育改革,建设学堂,改造私塾,变私塾为学校。如沧州东光马氏族人就创建了国民学校:"清光绪三

---

[1] 舒新城:《中国近代教育史资料》,人民教育出版社1981年版,第195页。
[2] 舒新城:《中国近代教育史资料》,人民教育出版社1981年版,第102页。
[3] 舒新城:《中国近代教育史资料》,人民教育出版社1981年版,第501~502页。
[4] 李桂林、戚名琇、钱曼倩编:《中国近代教育史资料汇编——普通教育》,上海教育出版社2006年版,第156页。

## 第一章 燕赵地区家族教育在近代发生变革的因缘

十年停科举,敕各属改设学堂,马县长秋实、李学博子衡首将六路社学改为蒙养,余适为中路社学师,赞成两公之所为,偕在外肆业之毅贵翔、程勋乡、瀚麐等请晴林兄与本支协商,旋得五门同意,越明年而马氏族立国民学校,组织告成,章程悉遵部定。"[1] 在科举制废除之前,家族的教育理想是登科入仕,获取功名,以此来提高家族的社会地位,保障家族的延续与发展。然而,科举废除之后,东光马氏族人意识到家族若要延续与发展必须要跟随时代发展之潮流,故对私塾做出适应性调整,建立国民学校,以保障家学的衍传。此外,唐山《玉田孙氏家谱》中也有关于建立国民学校的记载:民国七年(1918年)"宗祠迤西房屋,旧基建正房五间,作为讲室与教员住室,围墙数十丈,门楼一间,其余夫役室厕所具焉"[2]。再如,民国九年(1920年)秦皇岛临榆田氏家族创建私立中学校舍于田氏节孝祠后院,民国十年(1921年)开始招生,之后购置学田数亩,建立第一、二、三、四、五、六国民小学校以及中学预备班,后又创立高级中学,分为文理商三科,改为三三学制。[3] 可见,在此时,燕赵地区的家族顺应形势发展,改良私塾,建立国民学校,积极与新式学校接轨。

与此同时,燕赵地区的家族也逐渐摆脱传统课程的枷锁,

---

[1] 马春晟等:《沧州东光马氏家乘十修谱》,民国十一年(1922年)刻本,不分卷,马氏族立国民学校记。

[2] 孙奐仑:《唐山玉田孙氏家谱》,民国十四年(1925年)刻本,首册,孙氏族立国民学校缘起。

[3] 《集成》编辑工作委员会:《中国地方志集成·河北府县志辑 21:康熙玉田县志-光绪玉田县志-民国临榆县志》,上海书店出版社1996年版,第532页。

紧跟时代之潮流,在有选择地继承传统课程和吸收西方近代教育思想的基础上,增加了一些西方的教育内容。除学习忠孝仁义的伦理道德知识以外,还教授西学、外语、体育等科目,族学的教育内容趋于充实丰富。如沧州东光马氏宗族的国民学校"辟操场于堂之西"[1],这就说明当时马氏的国民学校已经增加了体育教学。再如,《民国临榆县志》记载临榆田氏族人创办的私立中学校民国"十年秋开学,招第一班新生,以后每年招生一班,购到全份理化仪器标本,体操器械,设普通讲室及理化陈列室、理化教室……购东北城角地五十余亩为运动场,领到教育枪八十枝……十六年春,建校舍三十间,设学生化学实验室、商科教室"。[2] 从中可以看出,田氏私立中学校开设了物理、化学、体操、商科等多样化、西式化的课程,实现了家族教育课程的革命性变革。

## 第三节 传统价值观的转变

鸦片战争作为中国历史上一个重要的转折点,迫使中国成为半殖民地半封建社会。面临日益加深的民族危机,国人开始寻找图强的生存之道,这样的救亡图存的探索之路也推促着中国传统价值观发生了巨大转变。

---

[1] 马春晟等:《沧州东光马氏家乘十修谱》,民国十一年(1922年)刻本,不分卷,马氏族立国民学校记。
[2] 《集成》编辑工作委员会:《中国地方志集成·河北府县志辑21:康熙玉田县志-光绪玉田县志-民国临榆县志》,上海书店出版社1996年版,第532页。

第一章　燕赵地区家族教育在近代发生变革的因缘

**一、由空谈玄理到经世致用**

中国传统教育发展数千年，其合理之处我们无须多述，其弊端也时常遭人诟病。我们以儒学为例，儒学到宋明之际，发展为宋明理学。但它所主张的"存天理，灭人欲"、空谈义理的思想倾向等偏蔽是显然的。明末清初的早期启蒙思想家黄宗羲、顾炎武、颜元等对其进行了批判，他们主张个性自由发展、培养经世致用的人才；在学习方法上提倡积极实践，反对理学家主张静坐、读书穷理的方法。这是中国早期的反对空谈玄理、提倡经世致用思想的表征。近代以来，随着"西学东渐"的深入以及资本主义在中国的发展，传统的主流价值观念——非功利思想——受到排斥，功利意识逐渐觉醒，"经世致用"的教育观渐次树立。功利实学思想对空谈玄理的理学思想产生了巨大的冲击。[1] 特别是在新文化运动以来，伴随着杜威的"实用主义"教育思潮的传入，这种价值观的转变更为深刻。以蒋梦麟、胡适为例，他们都是杜威的弟子，都十分注重实用主义思想在中国的传播与应用。另外，陶行知、陈鹤琴则致力于实用主义教育的理论改造，并通过自己长期的中国化教育实践而超越之。正是因为这些知识精英的广泛宣传，人们在价值观上由空谈到实践的转换更加坚决。

北店头贾氏裴卿是一个不折不扣的"实业救国论者"。他在1909年留日回国后即参加推翻帝制的民主革命，主张富国强兵

---

[1] 丁钢主编：《历史与现实之间：中国教育传统的理论探索》，广西师范大学出版社2009年版，第147页。

之策唯有从发展教育和开发实业入手。在教育实践上,他在全县推行国民教育,举办唐县师范讲习所,培养了一批师资。他努力以洋学堂代替旧私塾,带头在北店头办男女初等小学堂,并把女子小学建在自己家中。而这种实业救国的表现不只在教育上,1926年他在北店头小学挂起农民协会和护林协会的牌子,还考察社会情况,开发水利,植树造林等。受他的影响,裴卿儿子贾树楠从他这里学到实业救国的知识,把德国洋靛引进村里,使村民们靠传统的自种蓝靛、用小瓮染布线,成本高、效率低的状况得到根本改善,用大缸作业,还能轧光、印花,形成作坊生产,从而使生产效益大大提高,染坊得到迅速扩展,并且他们还把新技术传到本县其他地区以及周围各县。[1] 这都是经世致用思想的践行。

贺氏家族也为我们提供了明证。贺涛的叔父贺锡珊,有经世之心,尝言受学除兄贺锡璜外无他师,贺涛作《叔父铁君先生事略》详细记载了贺锡珊生平:

> 先生生有异禀,举作不轻同于人,喜读书,通其大旨,曰:"学以经世也,吾取其有益于世者而已。"于世儒所谓义理、考据、词章之学,一不厝意。大师博材质以所业,辄穷于对。至论古今世运兴坏之由、贤不肖之别,抉幽觇微,剽剥剖功,杂以诙谐偏宕之词,云幻波激,莫测所来,虽善辨者莫能穷也。所为文宏辩奇肆,不中有司度程,以

---

[1] 韩海山:《北店头贾氏族谱》,2008年续修版,第153页。

## 第一章 燕赵地区家族教育在近代发生变革的因缘

诸生应乡试,连不得志,乃益厌薄举业,并力于所谓经世之学。自历朝史记,司马氏以下编年之书,杜、马所志典章,从及国朝钜绩盛典,皆广涉博综,而洞其要。尤喜近世舆地之说及泰西所绘海国诸图,指次其山川、关隘、都会与夫轮帆出没经行之处,若历庭闼而数阶级,不待参度。性刚直,不谐于俗,既不得志,愈抑郁不能平,并世人少当意者。尝显刺人过于稠人广坐之中,其人羞频汗喘,犹痛绳之不已。于公卿贵人诋之尤甚,以为若背豢养富贵,而令时执败坏至此,咎将安归?已乃夸所负于众,众骇怪莫敢置对,则又发怒骂之曰:"君辈庸下,非解此者。"吾父戒之,以为非处世之道。先生语人曰:"吾兄之言是也。然吾性至然,吾制之而不能克也。"先生既抱异才伟略,无所藉以泽斯世,苟可为于乡里者无不为,从谓吾期于济人而已,远近大小一也。同治初土匪滋事,先生略仿戚氏练兵之法,编乡落以守,境赖以安。光绪三年,岁大饥,官给钱买谷以赈。先生自贩籴于数百里外,自冬徂夏,往返者数矣,舟车饮食,费取诸私,不靡官一钱。广立章约,纤曲悉当,邻境咸取以为法。经营奔走,无间寒暑,昼夜愈心疲力,至辍餐寝,长老谈嗟曰:"自苦所闻见,百年来未尝有也。"[1]

自此可见,贺涛的叔父贺锡珊认为,读书的目的在于经世

---

[1] (清)贺涛:《贺涛文集》,华东师范大学出版社2011年版,第12页。

致用,选择对经世致用有助益的东西才是读书之根本。他专注于经世之学,对经史典章广为涉猎,更是推崇舆地之说以及泰西所绘海国图志,洞悉古今中外之历史。由此可见,无论是贺锡璜还是贺锡珊都注重经世之学,贺涛生活在这种环境中,经世之学必当深深刻在骨子里。

贺涛的父亲贺锡璜,虽然为官不甚显赫,但是勤俭朴素,重实务,善于为百姓谋利,赢得了百姓的尊敬和歌颂。其为人孝友敦厚,兄友弟恭,性格纯正,为子女做出了很好的表率作用。贺涛在《上张先生书》中自叙说:

吾父性宽简,于事揽其大者,不苛小,然必日有所执以为娱,于财重取轻予,无浮靡,亦不计多寡有无,于人虽有爱憎,言色不踰其量,告人以过,必尽以事,交不疑人欺我,无嫌忌于人,人有嫌忌,辄弭之,使不自觉,故同居及尝所往来者出不见德,后乃思之。[1]

贺涛的叔父贺锡珊,好务实学,所行乡里之事,大有北地先贤孙夏峰遗风。然锡珊自谓除其兄贺锡璜外无他师,可见贺氏的传统家教应当如是:一方面重视传统学问积淀,一方面不排斥西方知识,积极地研习西学。如此开明而务实的家教,重视教育,崇尚文化,贺涛成长在这样的环境中,严明良好的家风熏陶,对贺涛的学行产生了深刻的影响。贺涛自幼耳濡目染经世之道,思想开明,对时务常能洞察其要,常能发有用之言。

贺涛曾自谦曰:"吾平生无过人之才,唯不敢学于无用。"[2]

---

[1] (清)贺涛:《贺涛文集》,华东师范大学出版社2011年版,第80页。
[2] (清)贺涛:《贺涛文集》,华东师范大学出版社2011年版,第274页。

第一章　燕赵地区家族教育在近代发生变革的因缘

深泽王氏、武强贺氏都是当时的名门望族，远近有名的书香门第，并且两个家族一直保持着密切的联系，世通婚姻，一直保持着密切的联系。"深泽王氏，邑之望族，其治家条法与吾家风旨略同，道光以来，世通姻好，王氏女归贺氏者二人，贺氏女归王氏者五人，两性相欢无间也。"[1] 这种世通联姻在一定程度上也是继承家学、维护家族文化的重要手段。贺涛早年跟随深泽王氏学习正统的程朱理学。贺涛学程朱之学，同时讲求经世实务，为学讲究实用，杜绝空谈，这与当时的燕赵之风和颜李之学的影响不无关系。王氏父子虽笃行程朱理学，同时也心怀天下，关注时事，以躬行为本，有用世之心。王榕泉先生虽深居简出，但视当世之务如同家事，曾上书陈述吏治，皆中当今弊病，得到了曾国藩的看重。而其子王用诰同样如此，"先生辩说虽多，一以躬行为本，尝欲推之于世，以验所学。""忧世甚于忧家，忧学术甚于忧世，言及辄唏嘘太息。"[2] 王氏父子的一言一行，对学术的认真、热忱，对家国的关怀与忧患意识，都潜移默化地对贺涛产生了影响。

无论是恪守程朱之学的王氏父子，还是遵循经世致用的贺锡珊，都给贺涛的学行带来了深刻的影响。一方面，深厚的理学涵养使贺涛具备了成为古文大家的先决条件；另一方面，贺涛又因自幼耳濡目染经世之道，思想开明，对时务常能洞察其要，发有用之言。这些因素都对贺涛成为集大成者的晚期桐城

---

[1]（清）贺涛：《贺涛文集》，华东师范大学出版社2011年版，第258页。
[2]（清）贺涛：《贺涛文集》，华东师范大学出版社2011年版，第118~119页。

派传人起到了重要的作用。

贺涛之孙，贺葆真之侄贺培新是继贺涛之后桐城派的又一著名人物，在家学的影响下，他在古文上小有成就，也非常注重经世致用，在经世致用上不断阐扬和发挥，当然这与他所处的时代之动荡局势是密切相关的。贺培新所处时代，更是纷乱不断，战争频发，因此他撰写了很多与战争有关的文章，如《国民革命军殉难记》《开国四烈士墓碑记》《保定军人公墓碑记》等，伸民族大义，以告后世。特别是在抗日战争之时，他作为国民党中宣部华北宣传专员办事处文化最高的宣传委员，不畏生死，用文章在思想文化战线与敌人奋战，直至胜利。此间，他撰写了《陆军第十七军抗日阵亡将士碑记》，详细记载了1933年国民十七军与日军在长城激战的过程，痛悼之，讴歌之。对此，吴闿生评曰："沉痛壮烈，淋漓迈往，有轩天拔地之势。"[1] 贺培新推崇和欣赏经世致用之文，评价别人的文章也同样以此为标准。贺培新的童子师苏子瀛拿出其所著《同治以来日人侵略中华年表》暨《抗日诗词歌曲集》二书让其付印，贺培新立即答应。"培新义无可让，因用活字版付印，布诸斯世，俾世人儆然于已往之迹，有以惕厉奋发乎将来，庶吾民族之复兴，于是乎为先导，则先生勤苦著述之本旨，斯不负矣。"[2] 贺培新认为，此两本书能让世人记住历史，促人奋进，达到经世致用之目的。相反，对时事无补的文章，贺培新是很

---

[1] 贺培新:《贺培新集》，王达敏、王九一、王一村整理，凤凰出版社2016年版，第81页。

[2] 贺培新:《贺培新集》，王达敏、王九一、王一村整理，凤凰出版社2016年版，第72页。

反感的。对此,他曾说:"吾独谓当今急务,博古尤贵乎通今。世运突飞,万端孟晋。吾儒之学之所以致用,非直为博物自娱而已……弃其繁冗,挈其纲要,慨然以古昔先哲济世之志为依规,则未来之名业正未可量。"[1] 贺培新之友邓少云拿其所著《景云瓦室丛稿》属为序,对于此种纯考证的文章,即使是好友之作品,贺培新也不进谄谀之词,直抒己见,可见其对经世致用的看重。

## 二、由敬天忠君到个性独立人格之追求

在传统教育体系中,有一套完整的道德教育理论建构。我们以儒家为例,在孔子的思想架构之中,"仁"是其核心所在。而儒家也确立了以仁为本的价值取向。颜渊曾问孔子何为"仁",孔子说是"爱人",要学会推己及人,做一个积极履行社会义务的人。在孔子这里,"仁"不单单指向某一种道德品质,而是泛指一切德行的总和。[2] 与确立以仁为本的价值取向相对应的是引入"天人合一"的思维方式,二者是相互对应的关系,儒家把"仁"作为天人合一的中介,首先天地具有"参赞化育"的功能,它养育万物、造福人类,实为天地之仁爱。与天地精神相一致,人同样应具有仁爱精神,天地与人合一于仁爱,实现天道与人道的合一,即天人合一。[3] 儒家如何将仁爱精神融

---

[1] 贺培新:《贺培新集》,王达敏、王九一、王一村整理,凤凰出版社2016年版,第422页。
[2] 冯友兰:《中国哲学简史》,北京大学出版社1996年版,第38页。
[3] 丁钢主编:《历史与现实之间:中国教育传统的理论探索》,广西师范大学出版社2009年版,第59页。

入于实际生活之中呢？伦理化的行为方式便成为仁爱精神的实际展现。历代哲学家谈天论地说人，始终带有浓厚的伦理色彩。董仲舒宣扬"三纲五常"，强调君为臣纲，父为子纲，夫为妻纲。这种伦理纲常，成为封建社会伦理精神的核心，成为维护社会等级秩序的文化基础。儒家认为社会中的每个人都有一定的应该做的事，必须为做而做，因为做这些事情在道德上是对的。如果做这些事情是出于非道德的考虑，即使做了应该做的事，这种行为也不是义的行为。[1]而这里的"道"，核心就在于要求人们遵守伦理秩序，敬天忠君尊孔，忽视了人的主体能动性与创造性。虽然儒家也高扬人的主体意识，但这种主体意识是认为"人能弘道"，相信通过主观努力，可以成就"仁"的品格[2]。但这种主体意识被限制在了伦理范围之内，仍然未能挣脱忠君尊孔的桎梏。

近代以来，随着西方文化的传入，有关中西文化差异之探讨，或者一些激进派对中国传统思想的激烈批判，它们共同的指向都是人的现代化，通过人自身素质的现代觉醒，进一步促进整个社会的现代化，[3]所以，在这一旨趣之下，新文化运动以来，启蒙思想家们都不同程度地致力于人的独立人格追求。另外，伴随着西方民主制度以及自由、平等、博爱等思想观念的传入，人们渴望人人平等、男女平等，人人都有接受新式教育的权利。

---

[1] 冯友兰：《中国哲学简史》，北京大学出版社1996年版，第37页。
[2] 李宗桂：《中国文化概论》，中山大学出版社1988年版，第267页。
[3] 丁钢主编：《历史与现实之间：中国教育传统的理论探索》，广西师范大学出版社2009年版，第154页。

## 三、从"崇本抑末"转向"工商皆本"

自古以来,自给自足的小农经济是中国封建社会的主要经济形式,也是中国封建剥削制度的经济基础,所以占据主导地位的传统价值观念是重农抑商,正如《民国大名县志》中记载,"古无所谓商贾者,不过日中为市,以有易无而已,后世有小营业家出而稍权子母,而崇本抑末之论中于人心,往往为士大夫所诟病。"[1]这样"崇本抑末""耕读为业"的传统教育观念和价值取向不仅仅是封建士子的信条,更是重重地在基层群众的心里打上深深的烙印,形成了一种深沉的文化心理积淀,从燕赵地区家族的家训家规中就可以看出。如南皮侯氏主张:"当务正业,人须各占一业,读书为上,农次之,工贾又次之。"[2]丰润毕氏认为:"凡四民各有其业,吾家族贻世业大都唯读书与耕两端而已。"[3]东光姜氏则认同"天下惟读书最高,天下事惟读书最乐""吾族力耕者,待之当与士并"[4]的观念。这些族规家训正是当时家族重农抑商、耕读传家的真实写照。

到了明清时期,伴随着西方列强的入侵和资本主义经济的发展,中国自给自足的自然经济结构遭到破坏,清政府为维护

---

[1] 《集成》编辑工作委员会:《中国地方志集成·河北府县志辑 59:民国大名县志》,上海书店、巴蜀书社、江苏古籍出版社 1996 年版,第 124 页。

[2] 冯尔康主编:《清代宗族史料选辑(下)》,天津古籍出版社 2014 年版,第 1722 页。

[3] 冯尔康主编:《清代宗族史料选辑(下)》,天津古籍出版社 2014 年版,第 1757 页。

[4] 于秀萍、刘月霞:《明清以来华北家谱中的家训资料辑录》,团结出版社 2017 年版,第 181~182 页。

## 燕赵地区家族教育的变革与近代文化转型

自身统治，推行了"以商立国"的经济政策，从而动摇了民众心中传统的"重农抑商"观念，在民间出现了"士农工商，各执一业"的说法，这反映到家族教育当中，主要表现为家族教育目标的转变，由以往的四民分业，士为四民之首，商为四民之末，转化为后世的四民不分。[1]

当然，燕赵地区也不例外，尤其在"以商立国"政策颁布后，棉花、花生等经济作物市场不断拓展，乡镇的近代工商业有了一定的发展，再加上交通工具的便利，当地人民与外界的联系逐渐增多，经商者也随之增加。据《民国沧县志》记载：就通讯而言，光绪二十五年（1899年）设立邮政局以收发邮件，光绪二十八年（1902年）设电报局于县城内，民国十二年（1923年）设电话局于城内。此外，在道路运输方面也是水陆兼备，境内有津浦、沧石两铁路，沧石路、沧德路和沧盐路三条汽车道路，还有"民船往来，有运输货物者，有乘载行旅者"[2]的运河。到了民国时期，沧县地区"交通已具梗概将见，经商者乘时趋利，远行者计日见功"[3]。地方的发达交通和商业经济的发展使得当地民众转变了传统的耕读累世和重农轻商的经济观念，外出经商者随之增多。

此外，伴随着商业的发展，燕赵其他地区家族的传统价值

---

〔1〕丁钢主编：《近世中国经济生活与宗族教育》，上海教育出版社1996年版，第107页。

〔2〕《集成》编辑工作委员会：《中国地方志集成·河北府县志辑42：民国沧县志》，上海书店、巴蜀书社、江苏古籍出版社1996年版，第69页。

〔3〕《集成》编辑工作委员会：《中国地方志集成·河北府县志辑42：民国沧县志》，上海书店、巴蜀书社、江苏古籍出版社1996年版，第69页。

观念也有所变化。如唐山《丰润毕氏宗谱》"凡例"中记载,"为人立业,莫先于耕读两途,可以使祖父不失其贻谋,子孙不沦于困辱,至于工商之业,亦可资生,纺绩之事更为内助"[1]。沧州《沧县孟村张氏家谱》中记载,"吾族子弟明敏者令其读书,以图上进;鲁钝者令其力田,以便持家;若无田可耕,令其学工作商,以其仍居四民之列"[2]。虽然燕赵家族祖先依然坚守耕读为本业,但是工商之业也不乏为家族子弟发展途径之一,这也就表明丰润毕氏和孟村张氏家族在教育族人子弟坚守本业的同时,放开了对族人从事工商业的限制,对其表示认可与接受,这不得不说是家族在传统教育观念上的明显变化。

在商业经济发展和自身传统观念转变的同时,家族为了保障自身更好地生存与发展,趋利而务商者增加,以前的"井底之蛙"跳出井口,走到市场中来。如沧州东光马氏族人马润田为了维持家族的延续与发展,转变以往家传耕读累世的传统经济观念,以商兴家,"在码头河西设恒足粮店,零星销售,外任拮据之,劳以赡家,用之不足,后积资稍裕,于镇之河东西购置宅地,兼业油酒两行"[3]。之后,马氏族人马步芳向族兄马润田学习经商之道,总理码头恒足油房,而且其三个儿子"长

---

[1] 冯尔康主编:《清代宗族史料选辑(下)》,天津古籍出版社2014年版,第1757页。
[2] 冯尔康主编:《清代宗族史料选辑(下)》,天津古籍出版社2014年版,第1515页。
[3] 马春晟等:《沧州东光马氏家乘十修谱》,民国十一年(1922年)刻本,不分卷,族伯润田公传略。

子荣录恃读为生，仲子荣符，三子荣范，皆改为商"[1]。伴随着士农工商皆本业的观念逐步内化到族人心中，外出务商的家族实践活动也变为家族教育思想变革的外化表征。

**四、从等级观念到平等观念的转变**

在中国传统教育体系中，浓厚的封建伦理色彩充斥其中，封建教育强调"三纲五常"，这种伦理纲常成为封建社会伦理精神的核心，同时也是维护社会等级秩序的基础。因此，中国封建教育的主要目标是培养"柔顺屈从"的儒家臣民，正如陈独秀所说，"封建时代，君主专制时代，人民惟统治者之命是从。"[2]如果将民众与君主的忠臣关系延伸到家族中来，那便是族人子弟与尊长之间的服从关系，反映到家族教育目标上，则是培养遵守三从四德的孝子贤孙。如唐山丰润毕氏家族的族规中记载，"为子弟者凡遇尊长，言必逊、貌必恭、命必从、行必让，庶尽卑幼之道。"[3]保定蠡县孙氏家族宣扬尊敬尊长，做到尊卑有序，"使一族之人父慈子孝，兄友弟恭，长惠幼顺"[4]。再如，沧州青县崇仙金氏家训中规定，"训闺之道，惟淑与贞，教以四德，示以三从，孝尔翁姑，敬汝夫公，终身戒

---

[1] 马春晟等：《沧州东光马氏家乘十修谱》，民国十一年（1922年）刻本，不分卷，马公步芳事略。

[2] 陈学恂主编：《中国近代教育文选》，人民教育出版社1983年版，第396页。

[3] 冯尔康主编：《清代宗族史料选辑（下）》，天津古籍出版社2014年版，第1724页。

[4] （清）孙松龄：《保定蠡县孙氏家乘》，清宣统元年（1909年）刻本，卷首，第6页。

## 第一章 燕赵地区家族教育在近代发生变革的因缘

谨，勿忝所生。"[1]可见，中国传统家族教育中充斥着浓厚的不平等的封建色彩。

这种等级观念一直延续到清朝末期，伴随着西方列强的入侵，西方思想在中国得到了进一步传播和推广，自由平等思潮勃然大兴，从康有为以托古改制的方式大力宣传自由平等的新伦理思想，到梁启超倡言"新民"思想，再到严复的"鼓民力""开民智""新民德"呼声，直至中华民国提出"以四万万人一切平等，国民之权利义务，无有贵贱之差，贫富之别，轻重厚薄，无不相均"[2]。新文化运动和五四运动则更是使民主与平等观念深入人心，推动了国民思想的解放。陈独秀在《宪法与孔教》一文中指出，孔教问题乃"吾人实际生活及伦理思想之根本问题也"[3]，究其实质，即三纲五常，并且认为"三纲五常之名词，虽不见于经，而其学说之实质，非起自两汉唐宋以后，则不可争之事实也"[4]，而且表示教忠教孝等礼教正是孔教之精华。除此之外，陈独秀还对这种别尊卑贵贱的等级制度加以批判，并宣称，"欲建设西洋式之新国家，组织西洋式之新社会，以求适今世之生存，则根本问题，不可不首先输入西洋式社会国家之基础，所谓平等人权之新信仰"，塞绝"与新社会

---

[1] 于秀萍、刘月霞：《明清以来华北家谱中的家训资料辑录》，团结出版社 2017 年版，第 191 页。

[2] 中国史学会主编：《中国近代史资料丛刊·辛亥革命（二）》，上海人民出版社 1957 年版，第 40 页。

[3] 陈学恂主编：《中国近代教育文选》，人民教育出版社 1983 年版，第 402 页。

[4] 陈学恂主编：《中国近代教育文选》，人民教育出版社 1983 年版，第 405 页。

新国家新信仰不可相容之孔教"[1]。也就是说，传统社会的人们深受尊卑贵贱的封建礼教的毒害，若想建设新的国家信仰必须摒弃孔教，宣扬人人平等、男女平等的思想观念。以康有为、梁启超为代表的维新派大力倡导男女平等思想，严厉批判"女子无才便是德"的传统观念，认为女子应该与男子一样具有接受教育的权利，并且指出男女要平权，"惟农、商、医、律、格致、制造等事，国人无男无女，皆可各执一业以自养，而无或能或不能之别，故女学与男学必相合"[2]。自此之后，男女平等的思想逐渐觉醒。北洋高等女学堂学生张佩芬曰："吾女子将与男子并驾齐驱，占同等优美之地位，尊贵之价值，而二千余年男尊女卑之耻一扫而空，不亦美乎。"[3] 学生戴潛也指出男女要平等，认为"女子与男子既并立于员舆之上，相处于社会之中，五官四肢同具而不少差，性情智识之灵敏亦不少异，既有此完全之资格，男子能为者我亦能为，男子可行者，我亦能行"[4]。这一新文化新思想的宣传与传播，使得民众根深蒂固的"三纲五常"封建等级思想观念受到了强烈的冲击，与此同时，人人平等、男女平等的平等人权观念逐步被人们所接受，并引领着民国初期教育实践进一步朝着近代化方向发展。

当然，民主平等的教育思想在燕赵地区的家族教育上也有

---

[1] 陈学恂主编：《中国近代教育文选》，人民教育出版社1983年版，第407页。

[2] 朱有瓛主编：《中国近代学制史料（第一辑 下册）》，华东师范大学出版社1986年版，第875页。

[3] 吕碧城：《兴女学议》，载《直隶教育杂志》1906年第8期。

[4] 吕碧城：《兴女学议》，载《直隶教育杂志》1906年第8期。

所体现。如沧州东光马氏宗族建立的国民学校在入学者的身份限制方面有所转变，不仅仅招收本族学生，还"兼收异姓"，打破了封建等级的身份限制，平等观念渐入人心，此外，"国民学校者为国为民，幼吾幼以及人之幼"的宗旨和"扶风世泽宜孙子，化雨恩膏洽比邻"的门联则更是马氏家族追求教育平等的充分体现。[1] 再如，五四运动之后，男女平权的呼声不断高涨，兴办女子学校之风盛行，唐山乐亭"京东第一家"刘家创办了尚义女子中学，其校歌"教育要平权，朝兴尚义在人间；文化尽灿烂，勤敏庄静性高悬；才德贵健全，诸才为国做中坚；学业要精专，树人大计在百年"，[2] 就可以反映出刘氏宗族在教育上追求男女平权。

## 第四节 宗族内在的"生存焦虑"

在中国古代长期的农业生产、日常生活中，人们形成了一种泛化的、对其基本生活需要是否能够被满足的深切的担心与忧虑，即生存焦虑。它具有两个特点，首先作为文化特征的生存焦虑是泛化的，不仅限于衣食住行；其次，生存焦虑具有群体思维性与家庭化特征，不是个人的困境，而是家庭成员面临的共同困境。这种说法与近代家族生存所面临的困境是不谋而

---

[1] 马春晟等：《沧州东光马氏家乘十修谱》，民国十一年（1922年）刻本，不分卷，马氏族立国民学校记。

[2] 李荣亭：《京东第一家》，政协乐亭县委员会1996年版，第61页。

合的。在时代变迁中,家族在经济来源、教育革新、文化延续等受到了各方面的冲击,整个家族产生了共同的生存焦虑,即家族如何长久延续的问题。

## 一、频繁战争和自然灾害对宗族造成了直接破坏和间接影响

19世纪后半叶,经鸦片战争、八国联军侵华战争等诸多战争的摧毁,再加上旱涝自然灾害的影响,地区经济逐渐萧条,燕赵地区和其他地区一样动荡不安。无论是何种形式的战争,再加上自然灾害,都会直接影响或者破坏家族组织基础和族产,毁坏族人祠堂和族人稳定的生活秩序,致使族人颠沛流离,家族日益衰落。正如《廊坊刘氏族谱》"跋"中记载,"明末清初之际,国家多故,社稷骚然,干戈未息,水患波及之患,近畿为最,暨我刘氏殆尤甚焉,于是乎家族之流离,财产之荒芜,大有一蹶不振之势。所幸者茔地祭田尚未尽没,残迹犹有所存,惟家谱之失迷,诰命之零落,终未得恢复旧观,嗟乎!我刘氏家族之颓败至于此而极矣。"[1] 刘氏宗族在经历三世的繁荣之后,因战争水患等因素,族人流离失所,田地荒芜,呈现出一蹶不振的局面。虽然大清定鼎后国泰民安,但刘氏家族未能恢复以往的繁荣,"自时厥后家族之无恒业者,有之舍旧基,而他适者有之行踪靡定,住居难稽,书香不继。"[2] 战争和自然灾害对家族造成的直接或者间接的危害致使族人人心惶惶,烦躁、

---

〔1〕 刘秉簏:《廊坊刘氏族谱》,民国十二年(1923年)刻本,第三卷,第30~31页。

〔2〕 刘秉簏:《廊坊刘氏族谱》,民国十二年(1923年)刻本,第三卷,第31页。

第一章　燕赵地区家族教育在近代发生变革的因缘

焦虑的情绪自然而然地笼罩在民众心中，这便是导致宗族产生"生存焦虑"的第一因素。

**二、自然经济基础的破坏以及沉重的赋税压力造成家族的生存危机**

自明中叶以来，伴随着商品经济的发展和资本主义萌芽的出现，封建家族制度的经济根基开始动摇。鸦片战争之后，中国大门被迫对外开放，西方列强纷纷加紧商品输出和资本输出，中国自给自足的自然经济结构受到冲击，几千年来的社会经济结构悄然地被侵蚀而随之改组。在内部商品经济的发展和外部资本主义的渗透下，我国根深蒂固的以家庭为基本生产单位的小农经济与家庭手工业相结合的自然经济基础逐渐瓦解。正如《民国南皮县志》中记载："我国以农立国，自世界各国经济侵略以来，我国农业仍守旧规，天时人事影响，产量歉则谷贵，病民丰则谷贱伤农，以致一班农民经济日形短绌恐惶状态。"〔1〕此外，西方资本主义的入侵对我国家庭手工业也造成一定的影响。据《民国沧县志》记载："男耕女织为吾华立国以来民生之基础，但沧地不产麻丝，并棉亦极少，南皮宁津为产棉之区，年年输入吾邑，农家妇女自轧自弹自纺自织，所成之布面宽尺许名曰窄面，粗布加以靛染，裁之为衣服之可，十年不敝。民国以来，轧棉西机输入，夺妇女第一工业，弹机继来，夺妇女

---

〔1〕《集成》编辑工作委员会：《中国地方志集成·河北府县志辑47：民国南皮县志-乾隆饶阳县志》，上海书店出版社1996年版，第149页。

第二工业，洋纱输入，夺妇女第三工业。"[1] 中国延续了数千年的男耕女织的小农经济模式，被西方机器的生产模式所代替，由女织变成了机织，毋庸置疑，这是对传统自给自足的自然经济结构的破坏，也是对封建宗法社会经济根基的瓦解，家族为此而产生"生存焦虑"。

　　据《泉河文集》记载，当时帝国主义侵略者不仅侵占我国土地，还通过经济侵略，推销他们的剩余商品，使中国的民族工商业破产，北店头村也深受其害，原有的手工业，如养蚕、家庭纺织业被日本人的人造丝、洋线、洋布的倾销拖垮。例如，养蜂业本是集资办起的民族工商业，哪能抵挡外来资本的冲击。这场来自帝国主义侵害而引起的经济危机，中国旧政府毫无抵挡之力。外国资本家将中国当成倾销市场，又廉价取得中国原料，使得我国民族经济遭受严重的破坏。又加上对外国战争赔款，也强加在百姓头上，捐税增加，大批工商业倒闭。北店头不过是一个封闭的山乡，受到的压力已经喘不过气来。老百姓深受半殖民地半封建之苦，又看到山河破碎大片土地被列强瓜分，自己生活在水深火热之中，又面临当亡国奴的威胁，确实到了最危险的时候。[2] 然而家族教育中原有的传统课程无法帮助族人去懂得价值规律，帮助人们去经营，这种生存焦虑也必然会促进家族教育的改革，促使家族教育引入西学。另外，族众迫于生计的外迁谋生，也造成家族的离散。随着资本主义的

---

〔1〕《集成》编辑工作委员会：《中国地方志集成·河北府县志辑47：民国南皮县志》，上海书店、巴蜀书社、江苏古籍出版社1996年版，第419页。
〔2〕贾泉河：《泉河文集》，中国和平出版社2005年版，第72页。

## 第一章　燕赵地区家族教育在近代发生变革的因缘

发展，广阔的劳动力市场得以产生，由于封建统治者的残酷剥削以及外国资本主义的侵蚀，大批农民与手工业者破产，在这一时期大多数贾氏族人为了逃避高利贷、高租佃的剥削，不得不外出谋生以维持生活。

与此同时，沉重的赋税压力也是致使家族产生"生存焦虑"的重要因素。19世纪中叶的清政府面临着内外双重压力，外部有西方列强入侵，内部有太平天国运动。对外由于在军事上节节败退，需要面对巨额赔偿，对内为镇压农民起义又要巨额开支，这些大大损耗了清廷的元气。清王朝为了缓解经济压力以及为了更好地维护自身统治，只能通过增加租税厘捐以丰饶财政，正如史料记载："自与万国交通以来，不知外交，屡召战祸，丧师辱国，于弃民割地之外，益以赔款，甲午之役，赔款连息四万万，庚子之役，赔款连息九万万，政府无力，则令各省摊赔，于是各省督抚，借此为名，举行什捐，剥民自肥，自柴米油盐，以至糖油诸什项，皆科重税，居陆则有房捐，居水则有船捐，民不堪其苦。"[1] 当然，燕赵地区也不例外。《民国沧县志》中记载："地价顿昂，牛粮籽种及农田器具，其值亦日益而月增，又因时局所关，按村摊欸，计亩加捐，而农民终岁勤动，有不能赡养身家者，嗟乎！我农夫未免辍耕兴叹矣；幸沧地当水陆通衢，耕种之暇兼事负贩，亦小有补助，至于壮年男丁往往出外经商或投入军界……每村出为小工者恒以百

---

[1] 中国史学会：《中国近代史资料丛刊·辛亥革命（二）》，上海人民出版社1957年版，第39页。

计。"[1]沉重的赋税压在老百姓的肩膀上，这使得很多农民难以抵抗沉重的压力，选择脱离祖祖辈辈聚族而居的村落，背井离乡，到外地以一技之长流动谋生，或者选择经商，或者投笔从戎。

在自然经济基础被破坏以及沉重的赋税压力带来的家族生存危机下，族人为了保证家族的延续与发展，改变以往世代耕读的观念，一部分族人选择转士从商，以保障家族的生存。如保定清苑宋氏十三世宋彬之父宋金荣少时入塾读书，后因"家道中衰，朝不谋夕"，[2]辍学为商。再如，沧州东光马氏第十七世马荣筹伯父马润田开设商号恒足粮店、油酒两行和义成永钱店等。[3]此外，家族在教育目标上也做出了相应的变更。如衡水故城祕氏宗族以"士农工商系本业"[4]为家训，这也就表明了祕氏族人在一定程度上改变了以往耕读传家的传统教育观念。面临生存的经济危机，家族意识到仅仅依靠耕读为业难以在短时间内解决自身的经济问题，不得不转变传统观念，寻找新的生存之道，再加上当时清政府鼓励发展民间工商业，在这样的环境下，家族将入仕为官的教育目标逐渐转变为士农工商皆本业。

---

[1]《集成》编辑工作委员会：《中国地方志集成·河北府县志辑42：民国沧县志》，上海书店、巴蜀书社、江苏古籍出版社1996年版，第422页。

[2] 宋彬：《保定清苑宋氏宗谱》，民国十二年（1923年）刻本，卷首，宋氏宗祠碑记，第2页。

[3] 马春晟等：《沧州东光马氏家乘十修谱》，民国十一年（1922年）刻本，不分卷，族伯润田公传略。

[4] 冯尔康主编：《清代宗族史料选辑（中）》，天津古籍出版社2014年版，第1393页。

### 三、科举废除之后家族如何中兴

在古代，某个家族要强盛，最主要的因素应是家族中有在朝为官的族人，如果能位列三公九卿那就更了不得了。像东晋政权的建立，当时司马睿从东渡到登基，主要依赖北方大族琅琊王氏家族的王导、王敦兄弟的鼎力支持。东晋建立后，二人位高权重，权倾朝野。当时朝廷里的官员多是王家或与王家相关的人。即使这样，司马睿仍然对王家非常尊重，并尊称王导为"仲父"，形成了"王与马共天下"的局面。隋朝创科举制后，科举考试成为族人进入权力机关的重要途径。考中科举意味着身份的改变，财富的到来。广大读书人对此都表现为趋之若鹜，视"金榜题名时"为人生之大喜。科举存在的一千三百多年，家族的教育目标也十分明确，即通过科举考试使族人步入仕途。家族也因此在族田之中设学田，其收入也供教育专用。如用收入兴办义学，供族人上学；补贴族中学子束修，如学费、灯油费等；对应举赴考的族中子弟助以资斧，包括制衣费、路费等；奖励取得功名的子弟。[1] 然而这一切在清末发生了质变，科举制的废除，对于当时以通过科举考试求仕做官，改变自身及家族命运的中国知识分子可以说产生了致命的影响。每个族人处在新的时空之下，要重新思考自己及家族的未来出路。家族面临该如何持续发展，族人又该如何立足等诸多问题而产生的困惑与焦虑。这些困惑与焦虑催促着家族教育做出变革。

---

[1] 徐扬杰：《中国家族制度史》，武汉大学出版社 2012 年版，第 305 页。

首先,在教育目标上做出改变。自创科举制以来,科举考试成为族人进入统治阶层的重要途径。考中科举意味着身份的改变,地位的抬升,故广大读书人对此表现为蜂拥而上。然而,科举制度废除后,家族意识到以往"读书—应举—入仕"的教育模式已经不合时宜,需要对"学而优则仕"的教育目标做出调整,士农工商皆本业的教育目标在族谱中出现。如衡水故城祕氏以"士农工商系本业"[1]为家训,沧州青县金氏家训规定"凡子弟无论士农工商,各有专业,不可游手好闲,败坏产业"[2]。这样的族规家训也就说明了自科举制度废除后,家族科举入仕的梦想破灭,家族不得不从科举考试制度中脱离出来,转变以往的教育方向,培养适应时代发展需要的各式各样的新式人才。

其次,在教育形式上有所更改。在科举制废除之前,家族子弟主要在自家宗祠或者私塾中进行学习。清末科举既废,清政府倡导私塾改良,民国时期建立国民学校,家族需要跟随时代变革对教育形式做出相应的调适。例如,沧州东光马氏家族跟随时代发展需求进行自我调整和适应,将族学改建成国民学校,招收本族子弟和异姓学生,"经费出自祭余,预计岁需通常不过三百千,初设讲堂、自习室各三楹,教习室一楹,辟操场

---

[1] 冯尔康主编:《清代宗族史料选辑》(中),天津古籍出版社2014年版,第1393页。
[2] 于秀萍、刘月霞:《明清以来华北家谱中的家训资料辑录》,团结出版社2017年版,第192页。

第一章 燕赵地区家族教育在近代发生变革的因缘

于堂之西,而治圃其南,艺花植木以为休憩之所"。[1] 此外,还有唐山玉田孙氏和乐亭刘氏创建国民学校等。这些国民学校的建立,不仅仅是家族社会适应性的表现,还是家族维持自身延续与发展的重要举措。

最后,在教育内容上兼习新学。传统家族的私塾教育以四书五经为主,科举制废除后,家族成员进入封建官僚统治阶级的大门关闭了,为了维持家族的延续与发展,家族意识到,只有培养新式人才、改革课程结构,才可以跟随时代的脚步,故须引进西方文化课程,以满足社会发展需要。秦皇岛临榆田氏族人田中玉在其家乡先后创办田氏私立小学、田氏私立中学校、田氏中学预备班、田氏私立中学初级女子中学部等多所学校,在课程上引进了各种新式课程,如体操、物理、化学等,而且在高级中学还分设文理商三科,以培养新式知识分子。[2] 唐山乐亭刘氏家族创办的私立初、高两等小学校,除了开设物理、化学、体育和音乐课之外,还设立了商业班,教授商业地理、尺牍、珠算等科目,以此为后世储备商业人才。[3] 西方课程的引进为家族教育变革带来了新鲜血液,推动着家族教育的转化。

北店头贾氏对文化教育非常重视,到清中叶,兴办文武两种学堂,一种是私塾,称为学馆,读的是孔孟之书,学的是字

---

[1] 马春晟等:《沧州东光马氏家乘十修谱》,民国十一年(1922年)刻本,不分卷,马氏族立国民学校记。

[2] 《集成》编辑工作委员会:《中国地方志集成·河北府县志辑 21:康熙玉田县志-光绪玉田县志-民国临榆县志》,上海书店、巴蜀书社、江苏古籍出版社1996年版,第532页。

[3] 李荣亭:《京东第一家》,政协乐亭县委员会1996年版,第157页。

作八股文识。另一种是武学堂，学的是骑马、射箭等，以应试比武为目标，但两种学堂都是为求仕做官而设，即使不能做官，考取个秀才、举人，也能提高社会地位和光宗耀祖。[1] 可以看出族人发自内心地对科举的执着与依赖。这种依赖感在阜平陈氏家族中也有充分体现，据《阜平陈氏家谱》记载，"陈氏十世陈玠为乾隆年间贡生，曾举业乡试七次备荐未售，尝谓曰：读书当志在圣贤，博一第岂足为荣，但自唐宋以来，选举有行有不行，科举为定制，欲济世舍科举无他，途余所以不懈举业者职是故耳。"[2] 这段话大致可以理解为，陈玠以读书成为圣贤为第一要务，而非做官，但在当时来说如想像圣人般济世，只有通过科举做官方能实现，这也恰恰体现了对于科举的依赖。正是因为这种心态，当科举废除以后，族人才表现出极度的"生存焦虑"。

总而言之，科举制度废除后，燕赵家族在教育子弟的目标、内容和方式上都发生了改变，这就从侧面体现出燕赵家族强大的社会适应能力以及适时权变的教育思维。

---

[1] 韩海山：《北店头贾氏族谱》，2008年续修版，第3页。
[2] 陈继瑄：《阜平陈氏宗谱》，民国二十四年（1935年）刻本，下卷，家传。

# 第二章
# 燕赵地区家族教育在近代发生变革的外显形态

从清中晚期肇始,随着隐形层面的"西学东渐"之风气的冲击,以及显性层面西方列强的坚船利炮的入侵,中国迎来了"千年未有之变局",我们上文探讨了面对新的社会语境,当时的清廷所做出的改变,中国的知识精英所做出的改变,中国百姓及家族族人所做出的改变。国门被迫大开了,人们的观念也由封闭转向开放,面对新的时代环境宗族所产生的"生存焦虑"等,这些诸多因素交织在一起,推动了家族教育的剧变,这些变化显现在各个方面,既有科举废除、族人价值观转变所带来的职业追求转折,亦有家族教育与西学融合,对家族教育形式、课程的变革。

## 第一节 从政治人才到多元人才的目标异变

在中国传统社会,儒家思想一直占据着统治地位,自然而然地家族教育也会深受其教育观念的影响。尤其是科举制度创立之后,传统家族的教育可以说是科举制的附属品,教育以科举入仕为目标，旨在培养封建社会需要的政治性人才。到了清末时期，伴随着"西学东渐"，中国传统教育备受打击，再加上洋务运动、戊戌变法等变革运动，封建人士逐渐认识到要想改变被动挨打的局面，单单学习西方的"器物"和宣扬"中体西用"的口号是远远不够的，社会真正需要的是教育、军事、科技、外交、政治等各个方面的人才。虽然科举取士满足了先前封建王朝的统治需求，但是却无法培养出适应社会发展需要的多方面的专业人才。与此同时，燕赵地区家族也意识到传统的耕读传家的教育目标也已经难以适应当下时代发展需要，故家族在教育目标上做出了一定的调整和转化，"从前株守田园之习一变，而志在四方"，[1]也就是说由原来的耕读传家和培养政治性人才逐渐变为培养社会转型发展需要的多元化人才。家族成员的职业选择清晰地展现出了这一教育目标的转变。

## 一、工商业人才的培养

自古以来，燕赵家族十分重视族人子弟的科举文化教育，尤其是在科举考试制度废止之前，科举及第的教育目标一直贯穿于家族教育的方方面面，无论是祠堂中悬挂的匾额楹联，还是家族祭祀活动中宣读的祝文，其中都或隐或现地彰显着家族"学而优则仕"的教育目标。

到了清朝末年，西方文化逐步传入中国，儒学在中国传统教育的中心地位受到动摇，再加上科举考试制度的衰落与废止，

---

[1]《集成》编辑工作委员会：《中国地方志集成·河北府县志辑49：康熙献县志-民国献县志》，上海书店、巴蜀书社、江苏古籍出版社1996年版，第441页。

## 第二章　燕赵地区家族教育在近代发生变革的外显形态

燕赵家族通过入仕为官振兴家族的教育目标已经无法实现，故燕赵族人改变以往登第登台鼎的传统教育目标，不再将读书入仕作为家族发展的唯一道路，而是灵活变通，跟随时代发展步伐，适时调整教育策略，选择新的生存之道，走向各个行业，其中，很多燕赵家族子弟选择弃儒从商。

清朝时期，中国商业步入新的发展进程，虽然在农耕文化和科举文化面前，刚刚崭露头角的商业文化显得格外青涩、稚嫩，但是商业文化的出现与发展，推促着家族逐步意识到，在耕读传家之外，还有一种新的谋生方式，那便是从商。尤其是中国近现代时期，伴随国家政策对商业的支持以及迫于生计需要，形形色色的商业逐渐发展起来，并形成了以地域为中心的商帮集团，其中最著名的三大商帮是晋商、徽商和浙商，除此之外，还有一支队伍也是不容忽视的，那就是"冀商"。冀商，始于清朝中期，鼎盛于清末民初，主要分为三大分支：一是冀东地区以乐亭县为主的"老呔儿帮"，其主要活动范围是东北地区；二是到蒙古经营的"张库帮"；三是以保定商家为主的"冀中帮"。

接下来，本书主要对唐山乐亭的刘氏家族和武氏家族、保定清苑的樊氏家族以及沧州东光的马氏家族等的状况进行详细探析。

（一）唐山乐亭刘石各庄的刘氏家族

唐山乐亭刘石各庄的刘氏家族素有"京东第一家"的称号。据《乐亭县志》记载，刘氏家族最早是以务农为生，依靠几亩薄田支撑家业。到了清朝后期，刘氏族人开始经商做买卖，最早的是刘新亭,从小本经营起家,开拓东北市场。经商初期,刘新亭妻子用自家产的棉花纺线织布,刘新亭拿到集市中售卖,然后再用赚的钱买回一些棉花,继续纺线织布,依次循环,从中获取小利。后来,因东北地区较为落后,物资短缺,刘新亭就挑着扁担向东北贩运农具、棉花、布匹等物品,返程时再从东北将当地的土特产运销到京畿地区,从而累积资本,自此奠定了刘氏家族的基业。关于乐亭县人以布易物在光绪《乐亭县志》中也有所记载:"邑地近边关,经商者多,出口贸易挟资营运谓之财主,代人持筹谓之伙计,固谋生之道也。至列肆称贾,惟设质库鬻铁器者间有晋人,其余则土著多而客民少,城堡市集皆有定期,遇期远近毕聚,日夕而散,所易不过布粟鱼盐之属,无他异物,而市布粟者尤众,粟则来自关外,以资一县之用,布则乐为聚数,本地所需一二,而运出他乡者八九,以农隙之时,女纺于家,男织于穴,遂为本业,故以布易粟,实穷民糊口之一助也。"[1] 可见,乐亭邑人从商者多,而且多是选择以物换物的简单交易方式,从中获取小利。刘新亭的儿子刘如珴,长大成人便开始帮助父亲经营商务,并且在东北龙湾开设了"广发合"商号,自此刘氏家业蒸蒸日上。但后来考虑到家业的传承问题,刘如珴认为士农商三者均不可或缺,故对三个儿子的未来出路做此打算:长子刘兆京在家经营务农,以坚守本业;次子刘兆年经营商业,以积累财富;三子刘兆熊读书

---

[1]《集成》编辑工作委员会:《中国地方志集成·河北府县志辑23:光绪抚宁县志-光绪乐亭县志-民国安次县志》,上海书店、巴蜀书社、江苏古籍出版社1996年版,第215页。

## 第二章 燕赵地区家族教育在近代发生变革的外显形态

入仕,以支撑门户。其中,刘兆年比父亲刘如珴更具有商业头脑,在原有"广发合"商号的基础上,进一步开拓了新的商业领域,先后开设了双发合杂货铺、森发合木局、裕发合钱庄、合记银号等。[1] 刘兆熊遵从父亲的训勉,发愤读书,最终考中举人,步入仕途。之后,刘兆熊的儿子刘桢、刘培、刘坦三兄弟也是相继中举。对此,在《乐亭县志》中有相关记载:长子刘桢,字文友,光绪二年(1876年)举人,刑部郎中;三子刘培,字树滋,光绪十二年(1886年)京试会元内阁中书,升侍读;六子刘坦,字履贞,光绪二十三年(1897年)举人,内阁中书。自此,刘氏家族的门上悬挂着"同胞三科举"的巨匾。由此可见,弃儒从商,或是亦儒亦贾,是中国传统士子在近现代变革环境中所选择的一条新的出路,但是深厚的儒学情结在刘氏族人心中尚未真正抹去。刘氏家族将家族的振兴与昌盛归于士农商三方面,这可以明显地看出家族的教育目标发生了异变,改变了以往传统的本末论,信守文商并重、本末俱利。除此之外,刘氏家族创办的刘氏私立初高两等小学校,根据地方发展需要开办了商业班,除了教授日常小学课程之外,增设了商业地理、尺牍、珠算以及商业道德等科目,这也就直接表明近现代转型时期刘氏家族的主要教育目标是培养商业人才。[2] 纵观乐亭刘氏家族对后世子孙的教育历程,尤其是商业教育上,虽然从侧面上反映出刘氏家族在近现代转型时期教育目标的转变,但终究在一定程度上保留着传统的教育观念,这是由于刘

---

[1] 李荣亭:《京东第一家》,政协乐亭县委员会1996年版,第9页。
[2] 李荣亭:《京东第一家》,政协乐亭县委员会1996年版,第157页。

氏家族发达于清朝,自然而然地会带有封建时代的特点,无论是读书求仕、经营土地还是发展商业,都被打下了深深的封建主义烙印。

(二) 唐山乐亭何新庄的武百祥家族

武百祥出生于唐山乐亭县何新庄,是近现代著名的实业家,其创建的"同记"在当时民族工商业中具有一定影响力。虽然武百祥是一位商人,但是其在家族教育过程中,最初依然是以科举入仕为教育目标,因此在他幼年时期亦是按照中国传统教育模式在学塾中学习儒家教育经典,照例先学习三字经、百家姓、千字文等基础知识,稍长后习《大学》《中庸》《孟子》《论语》等典籍。但在后来,武百祥放弃学业,随父亲到长春,在一家粮米铺学习做生意。对于当时中国商业发展的现状,武百祥指出,从前中国传统的商业经营是恪守旧辙的,然而现代的商业是推陈出新的,尤其是"自从海禁大开,外商云集之后,一切文化交通莫不因之进步,而商业为文物灌输之源,又岂可仍旧因循成法,而不随时代以相演进,以任中国商业落后于洋商之后呢?"[1] 因此,武百祥决定创造出一片新的商业前景。1902年,武百祥独自一人来到哈尔滨,开始创业之路,从最初的走街串巷到摆地摊,再到创建"同记"杂货铺,后来又开始工商兼营。此后,武百祥获得了雄厚的经济实力,并且开始考虑商业发展的后续问题,准备筹建"大罗新环球商店"。为了更好地经营公司,武百祥参观学习国内外各大商埠,大胆吸收国

---

[1] 中国人民政治协商会议黑龙江省委员会文史资料委员会:《武百祥与同记》,黑龙江人民出版社1989年版,第237页。

外近代资本主义商业发展经验,进行商业改革,创立了言不二价、标价售货、诚信为主的商业规则。后来,他在家乡开办一所初、高两级学校,名"百善学校",专门为"同记"培养后备人员,同时亦是希望子女可以成为自己的接班人。

(三)保定清苑的樊氏家族

清末时期,伴随商品经济的发展,冀中帮的保定清苑樊氏家族子弟选择亦商亦儒,其中以樊达汇和樊榕为主要代表人物。樊榕的父亲樊达汇一边读书一边经商,据《清苑县志》记载,樊达汇"读书兼治商贾,常为同人津津诵太史公货殖列传,以为得其术者,小之可以富家,大之可以富国"。[1] 可见,当时的樊达汇已经认识到发展商业的重要性,既可以富家,又可以富国。鸦片战争之后,海禁大开,西方资本主义商业涌入中国大地,奈何中西商业差距巨大,商业利权掌握于西方人的手中,中国命运危在旦夕,此时的樊达汇充分意识到,要改变常学,研习商业,以此实现实业救国,他认为:"自东西岛人踔中土辟埠互市,天下大势,贫富强弱,群机括于商,中国财命操纵于敌人之手,奄奄待尽,诸君苟不早变计,易其所常学,研治实业及古今货殖诸法,以与列国权有无斗智力巧拙,以自阜其财,恐不数十寒暑,家与国相随而尽,有求为乞丐、奴隶。"[2] 樊

---

[1]《集成》编辑工作委员会:《中国地方志集成·河北府县志辑29:民国文安县志-民国清苑县志》,上海书店、巴蜀书社、江苏古籍出版社1996年版,第552页。

[2]《集成》编辑工作委员会:《中国地方志集成·河北府县志辑29:民国文安县志-民国清苑县志》,上海书店、巴蜀书社、江苏古籍出版社1996年版,第552页。

达汇最初与普通家族子弟一样,读书均为科举之学,在晓得中国财命操纵于敌人之手,奄奄待尽之后,他毅然决然地选择从商,曰:"士无奇行而长贫贱,此司马氏之所羞也。"后来在樊达汇、樊榕父子两代人的努力之下,樊氏家族家大饶裕,先后投资了乾义面粉公司、清苑电灯公司等公司,还在保定创设了保定商会,樊榕任会长。樊榕不但在商业上长袖善舞,还积极参与地方建设,"广建学堂,以瀹四民之智,凡国家利用厚生诸事,屡出巨资助之成立"。[1]

(四)沧州东光的马氏宗族

除了乐亭的"老呔儿帮"和冀中帮的樊氏家族之外,沧州东光马氏家族在近现代社会转型时期,亦有部分族人选择弃儒从商。东光马氏家族世代以缥缃为业,累世相传,并且训诫子孙要敦孝友重信义。马步芳谨遵父训,七岁失恃,后来又因家计不足,故废学,与族弟马润田共同从事商业。最开始有巨族看重马润田的精明干练和诚实可靠,将其聘为当地益生油行的经理,数年后,马润田值岁稔告归,"以敝车羸马随两兄往各镇市购运杂粮,在码头河西设恒足粮店,零星销售,外任拮据之,劳以赡家,用之不足,后积资稍裕,于镇之河东西购置宅地,兼业油酒两行"。[2]后来,马润田的两位兄长逝世之后,商业稍顿,马润田与侄子华林开始打理生意,遂如初。又过二年,

---

[1]《集成》编辑工作委员会:《中国地方志集成·河北府县志辑29:民国文安县志-民国清苑县志》,上海书店、巴蜀书社、江苏古籍出版社1996年版,第552页。

[2] 马春晟等:《沧州东光马氏家乘十修谱》,民国十一年(1922年)刻本,不分卷,族伯润田公传略。

叔侄开始析产，马润田将码头河东西之田宅商号尽归其侄马华林，自己以京钱万余归城，另设义成永钱店。马润田之子马鑅琥自幼随父亲和伯父习商，至光绪中叶，马鑅琥开设恒升钱局，但由于经营不善，欠债逾万两，马鑅琥自典田园将债务付清，后家道中落。光绪二十三年（1897年），马鑅琥欲图恢复，重整旗鼓，持筹握算自主其间，其两子辅助经营，"幸天相吉人、财星照命、日新月异，而岁不同，未岁产之典出者尽回财之，飞去者复来，光绪二十五年、二十六年近利三倍，东邑商界遂以恒升为巨擘焉"[1]。马步芳长子马鑅篆恃教读为生，仲子马鑅符、三子马鑅范亦改为从商。[2] 可见，东光马氏族人在时代变革和家族生计的双重压力之下，转变传统思想观念，将振宗兴族的路径由以往的入仕为官拓展到商业事业之中，这样使得族人子弟既不忘耕读传家的本业，同时也获得了一条增加家族经济实力的出路，并且为家族的长期发展培养出一代社会转型需求的人才。

（五）北店头贾氏家族

科举制度废止之前，培养政治人才始终是北店头贾氏家族的教育目标。贾氏四世邦彦公的孙子虬龙、应龙已是秀才，可见贾氏祖先对文化教育的重视。到清中叶，家族兴办文武两种学堂，一种是私塾，称为学馆，多时达三四十处，学馆读的是孔孟之书，学的是识字作八股文。另一种是武学堂，学的是骑

---

[1] 马春晟等:《沧州东光马氏家乘十修谱》，民国十一年（1922年）刻本，不分卷，晴林族兄传略。
[2] 马春晟等:《沧州东光马氏家乘十修谱》，民国十一年（1922年）刻本，不分卷，马公步芳事略。

马、射箭等，以应试比武为目标。显然，两种学堂都是为求仕做官而设。这一时期，贾氏十三世履至公被皇帝封为武辂骑士，其夫人胡氏被赐封诰命夫人，二人所生六男都有成就。长子士珍为武魁；次子怀珍与三子席珍为武举人，受千总衔；四子儒珍为武举人，任山东济宁卫千总；五子献珍为贡生；六子国珍为武庠生。[1] 可谓满门皆政治人才，也可见其家族教育培养政治人才的价值取向。科举制度废除后，族人为了家族的发展，不得不重新考虑生路。贾氏家族面对新的形势，既有赴日留学，回国后积极改造家族教育、大力发展实业、培养新式人才的贾裴卿，也有留在国内投身于工商业的其他贾氏族人。像从事皮毛行业的能人贾广和、贾太和、贾凤云；从事染坊和印刷行业的能手贾桂月、贾桂喜、贾桂年三兄弟；将德国洋靛引入北店头，提高生产效益的贾树楠等。除此之外，贾氏族人也积极投身于文艺工作，以贾氏儿女为主组成的两个民间团体，因为技艺高超而享誉县内外，一个是杂技团体爬杆会，另一个是文艺组织细乐会。[2] 通过以上叙述，我们不难发现，伴随着科举制度的废除，以及资本主义经济在国内的发展，家族教育的价值取向也由单纯的培养政治人才转为培养工商业及其他各行各业人才的鹄的。

(六) 临榆田氏家族

临榆田氏自始祖迁至此地，五世之前，皆乘先世之遗业力田务农，到第五世这种传统观念似乎发生了改变。田氏第五世

---

[1] 韩海山：《北店头贾氏族谱》，2008年续修版，第4页。
[2] 韩海山：《北店头贾氏族谱》，2008年续修版，第7页。

田永清，字泰亨，生于清嘉庆十八年（1813年），生平简朴有远大志向，不屑躬耕于田亩之间，幼时先祖尝询之曰：汝业何事。答曰：业商。由于其当时岁数太小，先祖不以为意。另外由于泰亨身体甚弱，确实不宜业农。后来泰亨果真去了奉天，入皮衣市作事[1]。据家谱记载，由于泰亨身体素弱，早早地就去世了。当时亨泰之子方五龄，全依仗亨泰之妻孙氏支持家业。六世田润年龄稍长，并没有力田务农，而是继其父业，赴奉天从商，岁得薪稍以赡家。田润对于皮毛生意甚是精通，其于毛色之深浅、价值之赢朒、容量之轻重、制作之精陋、货物之真赝无不一望而知，罔有能肆其欺者[2]。田润年纪尚微就能做到对于行业的精通，一方面是其母亲对儿子的谆谆教诲与经验传授，更重要的是其内心对新的价值观念的追求的支撑。

（七）武强贺氏家族

武强贺氏自六世贺仁声起代有功名：贺仁声，乾隆二十四年（1759年）举人；七世贺云鸿、贺云锦、贺云举分别为乾隆四十四年（1779年）恩科举人、乾隆四十四年（1779年）恩科举人和嘉庆二十四年（1819年）进士；八世贺世韩、贺式董、贺式周分别为嘉庆二十三年（1818年）恩科举人、嘉庆二十三年（1818年）恩科举人和道光十二年（1832年）、道光二十年（1840年）两科副贡；九世贺锡璜，同治三年（1864年）举人；十世贺涛、贺沅兄弟，同治九年（1870年）同时中举，光绪十

---

[1] 田中玉：《秦皇岛临榆田氏族谱》，民国十三年（1924年）刻本，第16页。

[2] 田中玉：《秦皇岛临榆田氏族谱》，民国十三年（1924年）刻本，第21页。

二年（1886年）又同时会试中第，一时传为美谈。

贺葆真出生于十一代，五岁起侍祖贺锡璜至故城学署，后随父居冀州，就读信都书院。时科举已近没落，故其终身功名只是"优廪生"，"以巡检用"。因此，贺葆真不再注目于读书入仕，而是转向营商。其除经营家族土地、当铺、钱铺外，贺葆真还先后创办了大树、大业、大泉、大农等实业公司，并较早涉足股票领域。

贺葆真日记中关于贺葆真购买股票、与朋友商谈股票之处有不少。其具有代表性者如下。

其一："访光明煤油公司总经理赵春亭于瑞林祥钱铺，未遇，遇于瑞林祥元记。春亭，山东章邱人，为瑞林祥钱铺掌柜。为余言公司事甚详。言与德商合股及俄政府所以许吾开办，与请英律师订约之办法、矿质之佳、矿产之富、开办之速、用款之核实、购股者之踊跃、与现时之办法，及将来之希望，皆极美满而无少缺憾。问以曾否再续招股，则云资本已足，不能再招矣。如续招其，必十年乎。盖与日本订立制油合同约以十年，十年后收回自办，乃可续招股也。"[1]

其二："前与宗葆初议伙购洋灰股票，致书李采岩，属其访询。此事日前闻静涛曾索得数十股，劝同人分购，公司定期六月底截止收股，而此时已足额，购股者之踊跃可知。盖因上次结帐官利红利合一分六厘以上，遂涨价至七十元故。"[2]

其三："购电灯公司股票。前在股票交通处闻电灯又续招

---

[1] 贺葆真：《贺葆真日记》，徐雁平整理，凤凰出版社2014年版，第38页。
[2] 贺葆真：《贺葆真日记》，徐雁平整理，凤凰出版社2014年版，第37页。

## 第二章 燕赵地区家族教育在近代发生变革的外显形态

股,股票甚涨价,然非旧股东不能得。余因思李翊臣与公司总办蒋式理性甫有师弟子之谊,或购有股票,问之,则未曾购也。翊臣曰,吾试为君访之他人,已而得衡水韩麟阁韩君为谋之公司,卒设法购得,今日乃携资偕韩君到公司取收条,因观其锅炉及发电之室。股票一股百金,官利六厘,此为第三次续招,与第二次所招股同,作为新股,红利所得亦同,缘入股者仍前股东也。先交五十金,俟明年开股东会后再定期招足。去岁所得红利并官利计一分三厘,新股则一分二厘,数年之后乃与旧股一律。"[1]

除了从商外,贺葆真还创设学校。武强贺氏是有名的藏书世家,书籍来源除了继承祖遗、购买书籍、受赠、交换之外,更多的是抄写所得,因此贺氏家族非常重视书籍收藏。贺葆真后来意识到当时书籍出版缺少人才,因此创办了刻字学校,以培养更多的人才。

综上所述,我们可以清晰地看出,燕赵家族中部分族人选择弃儒从商,追其根源多半是由于家境清寒,迫于生计,这一原因可以说是燕赵家族由士转商的首要动力。此外,中国近现代是社会的转型时期,尤其是海禁大开,外商涌入,中国商业经济也逐步发展,再加上清政府逐渐意识到发展商业的重要性,开始实行利商政策,这也就进一步地推动了中国传统家族选择从事商业,以此获取更大的经济实力,立身扬名,光宗耀祖。无论是何种原因推促燕赵家族转士为商,其中都彰显了家族教

---

[1] 贺葆真:《贺葆真日记》,徐雁平整理,凤凰出版社 2014 年版,第 55 页。

育观念转变，继而促使家族教育目标变化的事相。

## 二、从事革命事业

自鸦片战争之后，战火连绵不断，中西之间军事力量悬殊，时常化为一种无形的压力迫使着人们在战火中慷慨激昂、奋死拼搏，有关天培忠勇殉国以表忠节，还有陈化成誓死抗英以明忠愍。他们长时间在儒学的浸染之下形成的忠君爱国的人生信仰和价值观念，在列强侵国之时以英勇抗敌的方式充分展现出来，并化为抵抗侵略者的支撑力和凝聚力。

到了民国初期，中华民族危机日益加深，尚武和救亡图存的思想渐入人心，尤其是1914年第一次世界大战，更是激发了人们对于武力和军事文化的崇尚。在内外交困的环境下，伴随社会之大变革，教育思想也发生了变化，尤其是蔡元培任教育总长时，他在《对于教育方针之意见》一文中提出的"军国民主义、实利主义、德育主义、世界观、美育主义"五育并举的教育方针，成为各级学校教育的指导思想。

在内忧外患的环境下，燕赵地区的家族子弟亦是选择投身于革命事业之中，而且家族教育目标也随之做出一些调整，由积极入仕转为弃笔从戎。

据秦皇岛《临榆田氏族谱》记载，田氏家族节妇田阎氏为田润之妻，田中玉之母，"以一半奉甘旨，以一半课子读书，筹划至十余年以待中玉成立"，[1] 后来曾国藩在直隶创设武备学

---

[1] 王德立、王志杰主编：《田中玉轶事》，海天出版社2007年版，第47页。

## 第二章 燕赵地区家族教育在近代发生变革的外显形态

堂,"阎氏以国家多故,非效命戎行不能报国,命子入校肄业",[1]有诸多亲族来劝阻,田阎氏不为所动,坚决让田中玉入武备学堂学习。田中玉毕业后,从军南北。由此可见,临榆田氏家族在教育目标上有所变化,不再仅仅局限于传统的入仕为官的目标,而是将救国图存的思想提升至最高位置,教诲子孙进入武备学校学习,以此报效国家。

据邢台《宁晋郑氏族谱》记载,民国时期的郑氏族人多弃笔从戎,积极投身于革命事业之中。十四世郑长寿教子有方,清朝末年正值停科举,即令长子郑俊彦从事戎行,俊彦仰承父意,遂"北洋速成武备学堂师范科毕业,历任陆军第三师参谋营长,骑兵第一旅团长,第十师骑兵团长,步兵十九旅旅长,陆军第十师师长,江宁戒严司令官,浙闽苏皖赣联军第九军军长,淮扬护军使江西总司令,五省联军副司令,兼第二方面军军长"[2],勋绩卓著,晋授陆军上将,称彦威将军,可谓是"翁庭训之功"。受郑长寿教化的影响,后世族人子弟多从军事,除了郑长寿长子郑俊彦之外,还有郑长寿的外甥郑俊才、郑俊仪、郑俊海、郑俊洲等人进入军事学校学习。其中,郑俊才在当地高等小学毕业后升直隶第一混成旅随营军士学校,毕业后又在陆军步兵少校学习,"曾任第三师副官参谋、学兵教官、第七师少校参谋等职"[3];郑俊仪曾任陆军步兵少校前安徽督办

---

[1] 王德立、王志杰主编:《田中玉轶事》,海天出版社2007年版,第47页。
[2] 郑凌霄:《邢台宁晋郑氏族谱》,民国十九年(1930年)刻本,卷七,35页。
[3] 郑凌霄:《邢台宁晋郑氏族谱》,民国十九年(1930年)刻本,卷七,35页。

署少校副官；郑俊海曾充陆军第十师排长掌旅官上尉副官等职；郑俊洲陆军第二十三师军士教育团毕业，第四军团总指挥部政治学校毕业，曾充联军总司令部军官团学员、卫队团排长，三十四军政治部上尉科员等职。[1]

据《沧州戴氏族人钩沉》中戴氏后人对先辈的回忆，戴氏族人于国家危难之际义无反顾地参与革命。如戴重泰在甲午中日战争期间任清军盛军营官，提出"抢掠如弑我父母，奸淫如辱我姊妹，克扣如害我弟兄"[2]的爱民、爱兵和保家卫国的军事教育思想。在其影响下，戴重泰率领的军队可以说是纪律严明，有"铁军"之称号。到了抗日战争时期，戴重泰积极支持其唯一的儿子戴元毅投身革命事业，并且时刻教导子孙勿忘国耻。之后，戴元毅之子戴嘉樾亦参加了革命。可以说，在戴氏家族教育文化的影响下，其祖孙三代矢志从军，浴血奋战，用其一生报效祖国。

保定清苑宋氏族人亦如是。其族人中的杰出者宋焕章积极参军，并且在第一次世界大战中取得了优异成绩，在《清苑县志》中清晰地记载着他的丰功伟绩：

宋焕章，字凯臣，世居清苑，文轩观察之冢嗣也，少负奇气，有肝胆。当清光绪二十六年（1900年），方十有七岁，即入武卫右军步队学校，试辄冠其曹，二十八年（1902年）卒业，直督袁派充排长，以才勇为上官所知，累迁至营长。宣统

---

[1] 郑凌霄:《邢台宁晋郑氏族谱》，民国十九年（1930年）刻本，卷七，34~37页。

[2] 戴其润编著:《沧州戴氏族人钩沉》，人民日报出版社2005年版，第313页。

## 第二章 燕赵地区家族教育在近代发生变革的外显形态

三年(1911年)于克复龟山案,由湖广总督袁保免补副参领,以正参领即补,并赏戴花翎加二品衔。民国元年(1912年)改授陆军少将,民国三年(1914年)冬奉令调北京旋任第九师团长,迨民国六年(1917年)欧战事起,我国加入协约国参战,俄以国内起革命,布尔塞维克党执政,独与德媾,和俄旧党建立远东政府,请协约国派军驻东海滨省,以掣德奥之势。我政府以此役得人与否为国际荣辱所关,乃慎选公为驻崴队长,领一支队赴海参崴,我国虽加入协约国,然徒恃华工之力尚未遣军旅也,则冒险阻,越疆界,实预战事,乃自公始于民国七年(1918年)秋振旅往行抵俄境,侨民争迎迓肩相摩趾,相错欢呼若雷。盖侨民受俄虐无所告诉,今幸国军远赉又习闻公威德,故不啻久旱之得甘霖,孺子之遇慈母也。及抵双城子以联军方在前方,与过激派战遂留驻双城,策应联军,联军得我军,为援获大捷,然敌势虽杀,其余孽仍出没,山岭丛错间,我军以不及一旅之众,分防千余里,势单力薄,辄为匪乘,然我军于冰天雪地中以寡敌众,卒获胜利。尝于美军同役,我军报捷,美军深服,我军果毅耐劳,宣诸联军群相惊异,谓我公治军为彼所不及,历受各国元首赠宝星徽章。公在双城日巡视防部,谆谆教诲以军纪,值有战事则留驻策划。虽军书旁午,于侨民生计罔不维持,终公在俄,俄人无敢侮华侨者,迨欧战终,奉令回国,侨民闻耗奔走惊呼,迭电恳留,格于成命,不获,请乃相向还泣,公慨侨民居异境之苦,电请暂留兵一连,并商诸海军林代将向政府建议双城增副领事以资保护。公性诚笃勤慎,事无巨细,必躬亲,且冒风沙万里与骄骄相周旋,艰苦百倍于常用，是因劳致疾，迨民国十年（1921年）春，归国病益剧，于民国十一年（1922年）夏历闰五月初八卒于京邸，春秋四十有一，总统黎深悼惜之，追赠中将军，优予议恤并宣传史馆立传。[1]

由此可见，清朝末年，战争频发，很多家族子弟在救亡图存的时代召唤下走向了战场。1900年，八国联军进攻天津、北京，华北大乱。17岁的宋焕章选择投笔从戎，考入武卫右军步队学校学习，每次考试都是名列前茅，19岁军校毕业之后，直隶总督袁世凯任命其为排长，后因立军功累迁至营长、团长。第一次世界大战爆发后，中国派遣军队参战，挺进西伯利亚，宋焕章担任驻海参崴支队长，以寡敌众，多次获胜，其中宋焕章的治军有方可以说是起到了至关重要的作用。从宋焕章的丰功伟绩中，我们不仅仅可以看到宋焕章的英勇与豪迈，更能看到宋氏族人在教育目标上的转向，而且也正是这一教育目标的转向以及家族的大力支持，才造就出如此的军事伟绩。

总而言之，在中国"三千年未有之大变局"的环境下，燕赵家族摆脱了传统的"学而优则仕"的单一教育目标，在教育目标上做出了适应性调整，推促着家族成员在不同行业进行着艰苦卓绝的努力，实现了家族教育目标的多元化和人才生产的多样化。

---

[1]《集成》编辑工作委员会：《中国地方志集成·河北府县志辑29：民国文安县志-民国清苑县志》，上海书店、巴蜀书社、江苏古籍出版社1996年版，第456页。

第二章　燕赵地区家族教育在近代发生变革的外显形态

## 第二节　教育内容的革命性变革

在中国传统社会，家族教育通常包含三方面的内容，即以科举取士为中心的应试教育、以忠孝仁义为核心的思想道德教育和以文学艺术为中心的技艺教育。到了晚清时期，中国传统教育进一步向具有现代教育意义的新式教育转型。光绪三十一年（1905年）废除科举考试制度，光绪三十三年（1907年）女学开禁，传统私塾转变成新式学堂，以往只为考取功名的办学理念也发生了转变。辛亥革命之后，君主专制制度被推翻，创建了民国，以儒学教育为主的旧式教育逐渐转变为国民教育的新式教育。这一教育改制在《民国沧县志》中有所记载："学校之制不一，有庙学，有社学，有书院，有义学，庙学即学宫也，春秋祀孔，昉自隋唐，历宋元明清，而礼制大备。清末科举废，学校兴，庙学几同虚设，民国肇造国体变更，庙貌犹存，士多废学。"[1] 由此可见，清末科举制度废止后，传统的教育已经不再适应时代发展需要，继而兴起了国民学校。伴随新式学校的兴起，教育内容也随之发生了变化，其中尤为显著的是增添了西方文化课程。根据1912年，教育部公布的普通教育暂行课程标准，"初等小学校之学科目为修身、国文、算术、游戏体操，视地方情形，得加设图画、手工、唱歌之一科目或数科目，

---

[1]《集成》编辑工作委员会：《中国地方志集成·河北府县志辑42：民国沧县志》，上海书店、巴蜀书社、江苏古籍出版社1996年版，第57页。

女子加课裁缝"[1];"高等小学校之学科目,为修身、国文、算术、中华历史、地理、博物、理化、图画、手工、体操(兼游戏),女子加课裁缝,视地方情形,得加设唱歌、外国语、农、工、商业之一科目或数科目";[2] "中学校之学科目,为修身、国文、外国语、历史、地理、数学、博物、理化、图画、手工、音乐、体操、法制、经济。女子加课裁缝、家政"。[3] 可见,民国初期中小学校的教育内容已经出现了明显的变化,但是仍然以修身和国文课程为主,教育的传统性尚未完全抹去。

伴随西方文化的冲击和时代的变革,这一时期的燕赵家族教育也发生了巨大变化,家族在有选择地继承传统教育思想和吸收西方近代教育思想的基础上,开始改造旧式学堂,引进西方教育课程,出现了家族教育内容转型的局面。

## 一、传统伦理道德教育的衍化

在我国传统的封建社会时期,儒家思想一直占据着统治地位,直到鸦片战争之后,中国大门被迫开放,西方思想和文化随之而来,儒家思想在中国传统教育中的统治地位受到冲击。但是,这并不意味着儒家教育思想的彻底消失,在中国传统教育向新式教育转型过程中依然存有传统儒家思想的痕迹。如

---

[1] 朱有瓛主编:《中国近代学制史料(第三辑 上册)》,华东师范大学出版社1990年版,第3页。

[2] 朱有瓛主编:《中国近代学制史料(第三辑 上册)》,华东师范大学出版社1990年版,第3页。

[3] 朱有瓛主编:《中国近代学制史料(第三辑 上册)》,华东师范大学出版社1990年版,第4页。

## 第二章　燕赵地区家族教育在近代发生变革的外显形态

1904年颁布的《奏定初等小学堂章程》和《奏定高等小学堂章程》中规定《孝经》《四书》《礼记》《诗经》《书经》《易经》以及《仪礼》为小学堂之必读书目；此后，1906年《学部奏请宣示教育宗旨折》还提出曰忠君，曰尊孔，曰尚公，曰尚武，曰尚实的教育宗旨，并且规定"无论大小学堂，宜以经学为必修之课目"。[1] 可见，晚清时期中国新式学堂的教育内容依然以读经、修身为主。

与此同时，在传统教育变革与转型过程中，近现代燕赵地区的家族依然重视对中国传统教育思想的传承，将儒家教育思想引入到家族教育中来，尤其是中国传统的忠孝礼义的伦理道德教育。然而，这种传承并不是一味地将传统思想全部的继承下来，而是进行有选择的调整与发展，甚至是将其转化为适应时代发展需要的商业伦理。

（一）忠孝仁义道德教育的转化

在中国传统社会，孝悌仁义的伦理道德教育是中国传统教育的核心要素，到了近现代，燕赵地区的家族继承与发展了这一传统教育因子，然而这并不仅仅是简单的继承，而是将其进行了改造与发展，注入了近现代教育的新内涵。据秦皇岛《临榆田氏族谱》记载，忠孝礼义的伦理道德教育依然纳入家训之中，供后世子孙遵守与学习，尤其是孝悌教育，更是放在家训的最前面，其中曰："孝为百行之本，自至贵以及庶民，莫不当然，平居事亲只是一个顺字，时时有敬亲之心，自不敢违拗，

---

[1] 朱有瓛主编：《中国近代学制史料（第二辑 上册）》，华东师范大学出版社1987年版，第152页。

有爱亲之心，亦不忍违拗，能知顺亲为孝，自无忤逆之事，至于昏定晨省、冬温夏清，尤人所共知也"；[1]"兄弟本为同体，贵于友爱，凡人兄弟众多，那能个明白度量大小或有不等，必须遇事相让，以名分论，弟当让兄，以情分论，兄亦让弟，能本一个让字"。[2]可见，田氏家族十分重视孝悌教育，并且强调孝亲敬长在内心敬重与外在行为上的内外一致。再如，沧州《东光庄氏族谱》中的"训言十则"曰："为人切要孝双亲，不孝双亲不是人，罔极之恩比天大"，[3]"诗有脊令棠棣歌，兄弟怡怡孔圣训，为人切要兄弟和"。[4]由此可见，中国传统的儒家道德教育不仅仅是古代家族教育的核心内容，在近现代的社会转型时期亦是家族教育的重点内容。然而，这一时期宗族强调的孝道教育与中国传统封建社会时期宣传的孝有明显的差异，不再是以往传统的"愚孝"，封建的等级礼制不再是孝的基础，近现代时期的孝道教育更多的是讲求孝顺之心与孝敬之行，强调的是"心"上的感恩和"行"上的尊敬。

除了孝悌教育之外，传统社会的忠君教育思想在近现代燕赵家族教育中更多的是转化和表现为以救亡图存为主题的爱国主义教育。如秦皇岛临榆田氏家族对中国传统道德"忠"的理

---

[1] 田中玉：《秦皇岛临榆田氏族谱》，民国十三年（1924年）刻本，卷首，12页。

[2] 田中玉：《秦皇岛临榆田氏族谱》，民国十三年（1924年）刻本，卷首，12页。

[3] 于秀萍、刘月霞：《明清以来华北家谱中的家训资料辑录》，团结出版社2017年版，第167页。

[4] 于秀萍、刘月霞：《明清以来华北家谱中的家训资料辑录》，团结出版社2017年版，第167页。

## 第二章 燕赵地区家族教育在近代发生变革的外显形态

解发生了改变,不再是强调忠于君,而是忠于国、忠于民,正如家训中记载:"凡人出而做官,所任职务皆国家所倚赖,必为国家收一番效果,所得薪俸皆人民之脂膏,必为人民造一分幸福,处而为民服先。"[1] 由此可见,这与中国传统的伦理道德教育含义明显不同,被赋予了时代的新内涵。如唐山乐亭刘氏家族的思想品德教育作为家族教育中不可忽视的重要组成部分,主要包含三方面:一是勤俭节约教育,二是爱国主义教育,三是纪律礼貌教育。其中,勤俭节约教育是刘氏家族教育对中国传统教育基因的继承。爱国主义教育不再是中国封建帝王统治时期的忠君教育思想,而是忠君思想在"保家卫国"上的延伸与转化,尤其是抗日战争时期刘氏家族对族人子弟进行抗日救亡的教育,以此增强族人挽救民族危机的意识。纪律礼貌教育主要是维持学校教育秩序的稳定以及学生的文明与礼貌,其实质可以说是中国传统道德教育在中国近现代时期的转变,换句话说就是将家庭人伦延伸到公共伦理。如沧州《东光门氏家乘》中规定:"不为帝国主义者作汉奸,不为封建余孽作工具。"[2] 再如,沧州青县戴氏家族恪守"达则献身天下,穷则善身济民"的祖训,一直尽心竭力报效国家,无论是封建社会时期戴才守卫边疆和戴世德坚守沧州城,还是近代戴元毅和戴嘉樾投身革命事业,戴氏族人将保国佑民的家族传统一直衍传到近代,通过报效祖国、献身民族,谱写了戴氏家族历史上的辉煌一章。

---

[1] 田中玉:《秦皇岛临榆田氏族谱》,民国十三年(1924年)刻本,卷首,13页。
[2] 于秀萍、刘月霞:《明清以来华北家谱中的家训资料辑录》,团结出版社2017年版,第176页。

由此可见，在中国近现代教育中，传统的忠君思想已经上升到爱国爱民的高度，实现了以忠君为中心的传统爱国主义向以人民为中心的现代爱国主义的转变。

（二）儒家道德与商业道德的融会

燕赵家族，于传统的忠孝仁义伦理道德教育之外，普遍恪守诚实守信、勤俭持家之美德，更是把诚信与勤俭延伸到商业教育之中，将儒家伦理道德与商业道德结合起来，使之成为家族商业道德教育的主要内容。

燕赵家族要求族人子弟在经商方面要坚守诚信，切不可有欺人之心。家族成员往往也是笃实诚信，为后世子孙做出表率。如秦皇岛临榆田氏家族自始迁祖以耕田为生，后世子孙"承先世之遗业，力田务农"[1]，直至田中玉之祖父田永清一代不屑于田亩之间，自幼便将振兴家族之伟业归于业商，稍长后便入皮衣市，并且教导其子田润从商，以继承父业。在日常教育中田永清也是以书算为第一要务，信奉"人生在世，首重不欺，如果人无欺人之心，后世必有兴其家者；如果人有欺人之心，后世必有败其家者"[2] 的经商之道。沧州东光马氏族人世代坚守缥缃事业，到了马步芳一代，弃笔从商，谨遵祖训，敦孝友重信义，坚守诚信为商，勤俭守业。[3] 再如，唐山乐亭武百祥

---

[1] 田中玉：《秦皇岛临榆田氏族谱》，民国十三年（1924年）刻本，卷首，63页。

[2] 田中玉：《秦皇岛临榆田氏族谱》，民国十三年（1924年）刻本，卷首，66页。

[3] 马春晟等：《沧州东光马氏家乘十修谱》，民国十一年（1922年）刻本，不分卷，马公步芳事略。

## 第二章 燕赵地区家族教育在近代发生变革的外显形态

以《大罗新政策》一文详细说明了大罗这一新的商业组织的相关规定。关于道德问题，武百祥将其分为商人道德和商业道德两种，且说明，这两种道德问题并不是同一种，不可混为一谈，同时二者又有连带关系。其中，商业道德主要是指每个商家都遵守的不伪造、不投机、不二价、不欺骗、不诈取、守信用等品德，商人道德即类似于公益、公平、诚实、勤俭、谨慎、耐劳、守规、守法、爱国等品质。此外，他还指出二者的关系，即"若求商业道德，必须先求商人道德，若欲办一有道德的商业，而无相当的道德人才主持，久之终必失败，此商业道德与商人道德之关系"。[1]可见，武百祥对道德教育极其重视，尤其是在商人道德的培养上。这种由传统伦理道德向商业道德的延伸，可以说是对传统教育基因的转化，而且这种教育思想的转化也进一步地推动了近现代经济社会商业品德的确立和经济生活秩序的稳定。

综上所述，思想道德教育不仅仅是中国传统家族的教育重点，在中国近现代转型时期，燕赵地区的家族依然非常重视族人的道德教育，尤其是伦理道德教育，而且随着时代之变迁，伦理道德教育的内涵也在不断地扩展，已经不再是仅仅局限于忠孝礼义，而是与实际生活和时代发展相结合，被赋予了新的时代内涵。

---

[1] 中国人民政治协商会议黑龙江省委员会文史资料委员会：《武百祥与同记》，黑龙江人民出版社1989年版，第259页。

## 二、西方课程的地位凸显

在前现代社会,燕赵地区家族的族学多以传统的经史之学为主要学习内容,如在河北定兴《鹿氏二续谱》记载,家塾课程"大约以看读写作四字为提纲;读熟书(经类及《文选》《古文词类算》)以沃其义理之根,看生书(史类)以扩其通变之趣,写字以观其用心之静躁,作文以验其养气之浅深;四者具而学生之基业始立,勘愿志亦勘遁情矣(初上学者,先作读写两字功课)"。[1] 除了一般的《四书》《五经》《三字经》等儒学经典的知识教育之外,燕赵地区家族还特别注重封建伦理道德的教育,正如《光绪畿辅通志》关于私塾教学的记载:"儒者明体达用,讲求实学,不沾沾于辞章训诂,而独以风俗人心为己任。夫风俗之所以美,必由于教化,教化之所以兴,始于童蒙","父与子言孝,兄与弟言悌,望而知其为义学中来也"。[2]

受"西学东渐"的影响,西学的传入使得中国传统文化教育结构发生变化,除了以往的四书五经儒学教育,还增加了一些西方实用性学科教育。与此同时,家族教育作为传统教育的重要组成部分,其教育内容也随之发生变革,除了学习忠孝仁义的伦理道德以外,还增加了西学、外语等实学科目,族学的教育内容趋于充实丰富。

---

〔1〕 舒新城编:《中国近代教育史资料》,人民教育出版社1981年版,第85页。

〔2〕 河北省地方志编纂委员会:《河北省志·第76卷·教育志》,中华书局1995年版,第37~38页。

## 第二章 燕赵地区家族教育在近代发生变革的外显形态

此外,清政府颁布《私塾改良会章程》也促使清末时期燕赵地区的私塾多改良成新式学堂,教育内容也随之发生转变,除了以往"三纲""五常"之类的伦理道德教育和知识教育外,还增加了许多的西式课程,且开办了女子小学堂。清光绪三十年(1904年)颁布《奏定小学堂章程》后,直隶新式小学堂课程也是随之改变,其课程设置如下三个表所示[1]:

表1 初等小学堂课程设置(1904年)(周授课共30小时)

| 科目 | 周授课时数 | 备注 | 科目 | 周授课时数 | 备注 |
|---|---|---|---|---|---|
| 修身 | 2 | 必修科 | 读经 | 12 | 必修科 |
| 中国文学 | 4 | 必修科 | 算术 | 6 | 必修科 |
| 历史 | 1 | 必修科 | 地理 | 1 | 必修科 |
| 格致 | 1 | 必修科 | 体操 | 3 | 必修科 |
| 图画 | | 随意科 | 手工 | | 随意科 |

表2 高等小学堂课程设置(1904年)(周授课共36小时)

| 科目 | 周授课时数 | 备注 | 科目 | 周授课时数 | 备注 |
|---|---|---|---|---|---|
| 修身 | 2 | 必修科 | 读经 | 12 | 必修科 |
| 中国文学 | 8 | 必修科 | 中国算术 | 3 | 必修科 |
| 中国历史 | 2 | 必修科 | 地理 | 2 | 必修科 |

---

[1] 河北省地方志编纂委员会:《河北省志·第76卷·教育志》,中华书局1995年版,第155页。

| 科目 | 周授课时数 | 备注 | 科目 | 周授课时数 | 备注 |
|---|---|---|---|---|---|
| 格致 | 2 | 必修科 | 图画 | 2 | 必修科 |
| 体操 | 3 | 必修科 | 农业 | | 随意科 |
| 商业 | | 随意科 | | | |

表3 女子小学堂课程设置（1907年）

| 学校 | 科目 | 授课时数 |
|---|---|---|
| 女子初等学堂 | 修身、国文、算术、女红、体操、音乐 | 每周授课28小时，音乐为随意科 |
| 女子高等小学 | 修身、国文、算术、中国历史、地理、格致、图画、女红、体操、音乐 | 每周授课30小时，音乐、图画为随意科 |

由此可见，清末族学改良成新式学堂，旧式的儒学课程也发生变化，课程不再仅仅局限于儒学修身教育，而是增加了商业、算术、地理、农业等课程，还将课程分为必修和选修科目。此外还增加了体操、手工这样的实践课程，以此增强学生的动手能力。

1912年，民国政府颁布《小学校令》，其教育宗旨是"小学校教育以留意儿童身心之教育，培养国民道德之基础，并授以生活所必需之知识技能"，规定"初等小学校之教科目为修身、国文、算术、手工、图画、唱歌、体操，女子加课缝纫"，此外，"高等小学之教科目为修身、国文、算术、地理、理科、手工、图画、唱歌、体操，男子加课农业，女子加课缝纫"。[1]因此，直隶省小学课程也发生改变："高等小学以上体操注重兵式操的教授，读经科一律废止，初小三年级起算术科兼授珠算，教科书中不合共和宗旨的一律删改掉。"[2]由此可见，民初小学的课程已发生重大变化，燕赵地区的族学也随之改革，按照全国统一课程标准设置课程，增加了体育、算术等课程。

### 三、专业知识的学习

在中国近现代，燕赵家族除了强调传统的道德教育和文化知识教育之外，对族人子弟的专业知识教育也十分重视。

（一）商业知识的学习

清末时期，清廷已经意识到发展商业的重要性，开始转变以往重农抑商、崇本抑末的经济政策，采取以商立国的措施，支持民间工商业的发展。与此同时，地方的工商业也逐渐发展起来。在商业利好的大环境下，燕赵地区的家族也开始改观，转变传统重农抑商的教育观念，士农工商皆本的经济思想在家族教育中显露出来，因此，家族还非常重视族人子弟在商业知识方面的学习。商业知识主要是通过学校、书籍、报纸、游学、商业实践等方式习得。此外，燕赵家族的商业知识教育还十分注重族中经商者的言传身教。

商业学校或商业班是专门提供商业知识的地方，是家族子

---

[1] 舒新城编：《中国近代教育史资料》，人民教育出版社1981年版，第444~446页。
[2] 河北省地方志编纂委员会：《河北省志·第76卷·教育志》，中华书局1995年版，第156页。

弟获得商业知识的主要途径。秦皇岛临榆田氏家族创办的私立学校，除了教授普通的科学文化知识之外，还加授商科、要项、簿记、速记、打字、商业常识、商业尺牍等专门的商业课程，以满足族人子弟在商业知识上的需求。唐山乐亭的刘氏家族在创办的私立学校中增设了商业班，教授商业地理、尺牍、珠算以及商业道德等科目，以培养商业人才。在商业课程中，商业常识是最基础的商业知识；簿记和珠算是基本的商业技能；商业地理是人文地理学的一个分支，主要是专门讲授地方的物产、交通、商业地域结构和布局等知识。由此可见，燕赵家族十分强调族人子弟在商业基本知识和技能上的学习。

除了专门的商业学校和商业班之外，读书、游学等方式也是获得商业知识的重要途径。唐山乐亭的武百祥在教育族人子弟时，总结出商业知识学习的路径：一是从学校中、书本中习得商店中常用的簿记、书法、算术、店规以及报关纳税邮电等商业知识，二是通过读书看报、外出学习等方式习得商业知识。[1] 也就是说，商业知识的获得不仅仅是通过书本，阅读报纸、外出游学也是必不可少的，尤其是外出游学，可以学到书本中学不到的知识，是书本知识学习的重要补充方式。

在燕赵家族的商业教育过程中，除了从学校教育、阅读书本与报纸等途径中习得商业知识之外，家族还十分重视族中经商者的言传身教。家族认为商业知识的学习不仅仅是书本中那些唾手可得的死板的知识，更重要的是祖祖辈辈传承下来的商

---

[1] 中国人民政治协商会议黑龙江省委员会文史资料委员会：《武百祥与同记》，黑龙江人民出版社1989年版，第246页。

## 第二章　燕赵地区家族教育在近代发生变革的外显形态

业知识，这是在商场中耳濡目染、苦心经营积攒下来的学问，是从学校、书本中难以获得的知识。沧州东光马氏家族世代以缥缃为业，累世相传，到马步芳父亲一代开始经商，其逝世后，马步芳与族弟马润田为缓解族中经济困境，也走上了经商之路。最初，马润田在当地的益生油行做经理，后值岁稔告归，与族兄马步芳在家乡码头河西设立恒足粮店，以补贴家用，"后积资稍裕，于镇之河东西购置宅地，兼业油酒两行"。[1] 几年后，马润田兄长逝世，马润田与侄子马华林开始打理生意。在经商过程中，马润田将这几年的经商心得和经理商行所需的知识与专业技能教授于侄子马华林和儿子马鏴琥。

通过以上史料分析可以得知，商业知识的习得方式主要分为两类：一是从书本、报纸上学习到的固定的基础商业知识，二是通过外出游学和长辈经验传授获得的商业知识。两者互补，共同组成了燕赵家族商业知识教育的整体。

（二）医学知识的传授

在中国近现代转型时期，众多燕赵家族子弟选择弃儒从商或亦儒亦商，他们从家族长辈的经验和商业学校教育中获取丰富的商业知识。除此之外，还有不少燕赵家族转变传统的职业观念，从入仕为官转到行医，在家族教育中十分重视医学知识的学习与传授。

据邢台《宁晋郑氏族谱》记载，郑氏家族十二世郑广益，诸子百家之书目无所不读，却久困场屋，遂弃儒学医，"三年学

---

[1] 马春晟等：《沧州东光马氏家乘十修谱》，民国十一年（1922年）刻本，不分卷，族伯润田公传略。

成之后,遐迩知名,每遇奇异疑难之症辄妙手回春"。[1] 郑广益之子郑希魁自幼承家学,接受诗书之教,诵读百家之书,而且时常于诵读诗书之余,"肆力歧黄,无论属于内科外科各症,应手即见奇效,晚年尤精痘疹,全活儿童无算,寿享七旬有余,诚当时医林中之杰出者"。[2] 郑寿山出身于医学世家,其祖父郑广益与父亲郑希魁皆精医术,郑寿山自然而然传承祖业,不失医术,只是后来迫于生计,转而为从商,但日常兼以医道,问世数十年。[3] 十二世郑朴"精通医药,对于虚痨妇科颇有心得,然深自韬晦,不愿悬壶问世,故非戚友莫知其为良医也"。[4] 至十五世郑松垚,虽然依然以业儒为主,但诵读之暇,兼习歧黄,研究天花种痘之法,远近求医者无不答应。[5] 虽然在《宁晋郑氏族谱》中并没有将传授的中医理论和中医知识加以详细说明,但从郑氏族人子弟从医情况来看,郑氏族人十分重视中医知识的学习。

据廊坊《刘氏族谱》记载,刘氏家族亦是强调对中医知识的传授,刘氏族人前往各地访问名医,"搜集其所珍藏有益无损

---

[1] 郑凌霄:《邢台宁晋郑氏族谱》,民国十九年(1930年)刻本,卷五,8页。

[2] 郑凌霄:《邢台宁晋郑氏族谱》,民国十九年(1930年)刻本,卷五,30页。

[3] 郑凌霄:《邢台宁晋郑氏族谱》,民国十九年(1930年)刻本,卷五,17页。

[4] 郑凌霄:《邢台宁晋郑氏族谱》,民国十九年(1930年)刻本,卷五,18页。

[5] 郑凌霄:《邢台宁晋郑氏族谱》,民国十九年(1930年)刻本,卷五,19页。

## 第二章 燕赵地区家族教育在近代发生变革的外显形态

之秘密良方,辑录于家谱",[1] 以便于本族人相互学习与传授,同时还为偏僻地区延医困难以致有病不能及时医治的百姓提供了方便。刘氏族人抄写燕都世交医官张敬斋的医药良方于族谱之后,其中良方有佛手散药方以治胎儿受伤危险,华佗愈风散治疗产后受风者,安胎方,清肝解郁汤,治腹痛而痢方等,药方多达百种。这不单单是药方的流传,更充分显示了刘氏族人对后世子孙在学习医学知识上的重视。

在燕赵大地的族谱中,关于燕赵家族子弟精于岐黄、志在济人的记载还有很多。如衡水故城祕氏家族成员或业儒,或习医。祕氏十四世祕鼎华"精医术,于骨理尤能洞悉,其微遇筋伤骨折等症,投以药,立就痊,可至一切推拿诸法,更属神效,就医者且施之药饵,贫不自给者并质食物,远近称善人焉"[2] 十五世祕学周嗜学,家藏诸书悉皆成诵,但由于早年失怙恃,而且家道中落,遂绝意科名,弃儒从医,志在济人,"远近求者无不应,亦无不效,即日至十数计,亦无惮烦之意,居恒亦利物为心,贫乏不能自给者赈之,孤寡不能自养者恤之。"[3] 十六世祕尚达,祕学周之次子,"喜读书,贫不释卷,以医学世其家,全活甚重,尤精痘疹诸书,乡邻有病者求辄应,虽证近危

---

〔1〕 刘秉麓:《廊坊刘氏族谱》,民国十二年(1923 年)刻本,第三卷,第 66 页。

〔2〕 (清)祕学汉:《衡水故城祕氏族谱》,清宣统二年(1910 年)刻本,不分卷,世系十三世至二十一世,50 页。

〔3〕 (清)祕学汉:《衡水故城祕氏族谱》,清宣统二年(1910 年)刻本,不分卷,世系十三世至二十一世,56 页。

急,投药立痊,盖德艺兼优。"[1] 部分祕氏族人从最初的习诗文,考科举,到后来因为种种原因,放弃儒业,开始研习医学,并且志在治病济人,这不仅仅彰显出祕氏族人在职业选择上的转化,同时也表明了祕氏族人的仁善之心。再如,沧州东光马氏族人马永祚善歧黄,疗病不拘成法,往往出人意表,著有《女科汇要》《胎产新法》诸书,"后人检其方用之辄奇效"。[2] 马枚"有神医之目,治病不用药,而无一物非药,凡治人病,初不明言何症,人问之亦不答,诊脉已即出,随意掇拾草木零星物,俾煎服之,无不愈者"。[3] 马熙载"颖悟过人,书一目辄不忘,精数术,夜检《本草纲目》一过,次日即设药肆,求治者户为满,称名医"。[4]

由此可见,燕赵家族部分族人抛弃传统以科第为首的教育目标,从入仕为官转为习医,这是家族教育内容的丰富与发展,也进一步地促使许多传统入仕为官者跨出科考及第的藩篱,逐渐成为与耕读相当的医学世家。

总而言之,中国近现代转型时期家族教育内容主要发生了

---

[1] (清)祕学汉:《衡水故城祕氏族谱》,清宣统二年(1910年)刻本,不分卷,世系十三世至二十一世,78页。

[2] 《集成》编辑工作委员会:《中国地方志集成·河北府县志辑45:光绪东光县志-民国交河县志》,上海书店、巴蜀书社、江苏古籍出版社1996年版,第213页。

[3] 《集成》编辑工作委员会:《中国地方志集成·河北府县志辑45:光绪东光县志-民国交河县志》,上海书店、巴蜀书社、江苏古籍出版社1996年版,第213页。

[4] 金培瑞、匡淑梅编著:《骏马奔腾——东光马氏(南马)家族文化探析》,团结出版社2018年版,第107页。

以下变化：一是教育内容的多样化，不再仅仅是单一的儒学教育和道德教育，还增加了物理、化学、地理、自然、数学、心理等西方课程；二是注重实践课程，增加了体操和手工等操作课程；三是教育的国民性增强，不仅仅是男子入学，还专门开办了女子学校；四是教育的专业性和实用性提高，强调专业知识的学习。由此可见，中国传统家族教育在中国文化的照射下既获得了传承，同时，又在西方文化的冲击下发生了变革，可以说是中国传统家族教育在西方文化和中国传统文化矛盾冲突、会通融合过程中获得了新的生长。

## 第三节 族学与西式教育机构的贯通

教育总体运行机制的各个环节都是相匹配的，在我们探讨了近代家族教育中教育内容的革命性变革之后，与其相匹配的教育形式必然也进入我们观照的视野。传统书院是讲求四书五经之地，它不可能去讲授新式课程，所以伴随着族中课程结构的革命性变化，家族中的教育形式亦发生了蜕变。其最明显的表现形式就是族学中各种新式学校如雨后春笋般开始广泛设立，并与族学中原有的机构融会贯通、有机结合。

清中期北店头贾氏家族曾在族中广设文武两种学堂，其开设的课程亦是为了求仕做官而设的诸如"四书五经"之类的课程。面对科举制度的废除以及近代资本主义经济冲击家族经济基础的双重压力，原有的族学课程已无法拯救家族于水火。随着新式课程的引入,原有的旧式学堂也被历史所遗弃,取而代之的是各种新式学校。贾氏十六世裴卿从日本留学回来后带回新思想,在反封建的口号下在全县推行国民教育,举办唐县师范讲习所,培养了一批教师。因此,其被学界公举为劝学所总董。他以日本小学为参照模式,于1901年在北店头创办新式小学,由男女合校发展到男女合班,入学人数激增,教学效益逐年上升。1917年,贾裴卿带领村民拆除当地的香山寺,没收其寺产作基金,盖起标准校舍,制作新型课桌、讲桌、办公桌,购置文体器材,允许学生免费入学,还在家中建了女子小学堂。新式学校在管理上实行校长制,每年选举一次校董。办学人不仅一心办公不要报酬,还资助学校用品。贾裴卿的女儿十七世贾树萱到保定女子师范上学,后来成为唐县第一个女教师。十六世金铮在保定二女师毕业,因受张作霖军阀政府的追捕,从清苑县教师岗位上避难回村任教。十七世贾庭三在保定高级职业学校毕业后,也配合姑姑金铮把学校办得红红火火。学校开设了音、体、美、劳等新式课程,重视爱国主义教育,宣传抗日,大大提高了学生的思想觉悟,使北店头出现了上"洋学"的热潮。[1]

前文我们已经提及临榆田氏中玉从民国九年(1920年)开始到民国十七年(1928年)创办了田氏第一私立初级小学到田氏第八私立小学校在内的八所田氏私立国民小学校,以及田氏私立中学校、田氏中学预备班、田氏私立中学初级女子中学部

---

[1] 韩海山:《北店头贾氏族谱》,2008年续修版,第8页。

## 第二章　燕赵地区家族教育在近代发生变革的外显形态

在内的几所田氏私立中等学校。这些新式学校不仅在办学形式上与西式教育机构完美融合，在学校运行机制、管理规则等方面更是凸显了其西式化的特点。首先是私立国民小学校，学校办学宗旨为施行国家根本教育，以养成国民道德基础及生活上普通之知识为旨归。这一宗旨即与当时颁布的学制所确立的教育宗旨相呼应，同时也体现了对于知识普及化的追求。学校在招生上也不再局限于本族子弟，而是规定，本校对于籍隶本县之寒家子弟无力出资者，无论汉、满、回族一律考收。这体现了对教育平等化、普及化的追求。在教师选聘上，也遵循严格的程序，其资格、学业程度报由监督查明，合格者方得延用。课程方面我们前面已经论述，开始引入西式课程。另外，对学校的修业年限也做了新的规定：修业年限照章为四年，每年分为两个学期，修业期满考试合格，由学校发给毕业证书。这完全不同于原有族学中的修业规则，呈现出一幅全新的面貌。在学费方面，规定学校不收学费，惟应用书籍、笔墨纸张、操衣等项须有学生查照定格自备。[1] 这充分体现了"1922 新学制"所确立的发扬平民教育精神、易于普及的教育标准。其次是田氏私立中学校，其办学规制更加完善与西化。其在教育宗旨上规定，本校以完足普通教育、造成健全国民为指向。而我们前面所述的中学课程是最能体现这一教育旨趣的，丰富新式的课程旨在培养全面发展的人。在入学资格上，其专门规定，本校学生须在高等小学校毕业及有同等学历者方有资格入学，重视

---

〔1〕 田中玉：《秦皇岛临榆田氏族谱》，民国十三年（1924 年）刻本，第 26 页。

中小学之间的衔接。在学费、教师选拔、奖惩制度方面与国民小学校多有重合之处，此处不再赘述。而与国民私立小学校相比，田氏私立中学校有着更加完备的管理制度，涉及讲室规则、阅报室规则、寝室规则、饭厅规则、操场规则、自修室规则、游戏规则、学生接待室规则、藏书室规则、考试规则、旅行规则、请假规则等[1]。这些管理规则即显示了学校有严格且全面的管理制度，同时通过各种规则，我们可以发现，学校规模之大、设施之完善都达到了现代化的水平。在当时社会来说，是令人叹服的。总之，新式学校较为彻底地摆脱了封建传统教育的束缚，具有适应社会与个人需要等时代特点，也充分体现了族学与西式教育机构融会贯通的特点。

1912民国政府教育部年颁布《教育部整理私塾》，要求"私塾在小学发达之后，自当归于消灭；然在小学未遍设之前，从事整理，亦未始非小学之一助"[2]。在民国政府和社会各界人士的推动下，各地区也跟随国家政策进行调整，将学堂改为初级小学校。如在《民国沧县志》中记载，以往的包公祠义学改为初级小学校，秉仁义塾"归教育局，成立女子学校"，长芦义学"宣统元年（1909年）改为初级小学校，今与土地祠小学校合并为区立第三完全小学校"[3]。

---

[1] 田中玉：《秦皇岛临榆田氏族谱》，民国十三年（1924年）刻本，第33页。

[2] 舒新城编：《中国近代教育史资料》，人民教育出版社1981年版，第112页。

[3]《集成》编辑工作委员会：《中国地方志集成·河北府县志辑42：民国沧县志》，上海书店、巴蜀书社、江苏古籍出版社1996年版，第64页。

## 第二章 燕赵地区家族教育在近代发生变革的外显形态

在地方上，家族也伴随着时代发展需求进行自我调整和适应，自清末新政改革后，按照《奏定学堂章程》和私塾改良的需要，将族学改建成国民学校。如河北东光马氏族立国民学校，堪称当时的教育典范。在《马氏家乘》十修谱马氏家乘续补遗中，马氏十七世鏼筹对其作过这样的记载：

古者校序庠学皆所以明人伦，而人伦不外家庭宗族者，家庭之所积也，故吾宗祠有学，不自今日始其所由者久矣，然均本族人为师，自由组合，虽局面有大小之不同，而明人伦之意则一。清光绪三十年（1904年）停科举，敕各属改设学堂，马县长秋实、李学博子衡首将六路社学改为蒙养。余适为中路社学师，赞成两公之所为，偕在外肄业之毅贵翔、程动乡、瀚鹿等请晴林兄与本支协商，旋得五门同意，越明年而马氏族立国民学校组织告成，章程悉遵部定，经费出自祭余，预计岁需通常不过三百千，初设讲堂、自习室各三楹，教习室一楹，辟操场于堂之西，而治圃其南，艺花植木以为休憩之所，地基亦敷用豁然一胜境也。学生兼收异姓，门联云"扶风世泽宜孙子，化雨恩膏洽比邻"，即比物此志耳。教习一系旧学，幸动乡兼管理颇热心，特别赞成，员亦皆不时到学督察，是岁开运动会。吾学蒙上赏为各学冠，光绪三十二年（1906年）学者益众，堂上几无容膝地。董事镜湖侄乃悉心擘画添设讲席，改良桌凳，庭心筑卍字墙，中竖牌门以通往来。冯县长申甫奖额曰'敦人睦族'，是时校内外焕然一新，又得李揭之义务助教，学程进步，与日俱长。东邑风气赖以大开，光绪三十三年（1907年）合邑学校林立，四乡之来参观者，络绎不绝，居然以吾学为模范焉。光绪三十四年（1908年），公署征收附捐，岁津贴吾学百千，而吾学措施乃愈使族中惴惴焉，恐盛名之难副以贻先祖羞，益加奋勉，继续进行，每年考绩，吾学皆优等，迄今十有七年，教习凡八，易同姓三，异姓五，要以同姓为最得力学生，毕业者凡十余班都二百余名，或升学或改业，莫不得当以去其高下者，且无论就其中者而言，为吾学生者，复为吾学师已有二人，其历年成绩可见一斑，即异日希圣贤成豪杰，莫不于此小校基之矣。然则吾学之盛，如此伊谁之力，归之教习，教习不有归之管理，管理曰不然归之五门，五门不自以为功，余循名思义曰'马氏者敬宗也，曰族立者收族也，曰国民学校者为国为民，幼吾幼以及人之幼也，学有成效非吾族之功，亦非马氏之功，实乃七世祖暨八世伯祖置祭田之功也。'余望后之办学者，不忘斯意，首先明乎人伦也，于是乎书。[1]

可见，在马氏家族创办的族立国民学校中，教育经费多来源于家族祭田，也有部分源自当地政府津贴的支持。之前的族学多设在自家祠堂侧室，这样便于掌控，而改良后的学校不仅仅跨出了地域的控制，而且增设了讲堂、自习室、教习室和操

---

[1] 马春晟等：《沧州东光马氏家乘十修谱》，民国十一年（1922年）刻本，不分卷，马氏族立国民学校记。

场,还增加了"休憩之所"。学校在入学者的身份限制方面也发生了转变,不仅仅招收本族学生,还"兼收异姓",打破了封建世袭的身份限制,平等观念渐入人心。虽然学校以一种新的形式呈现,但其"明人伦"的教育目的更是当时族人持守传统的一种表现,而且这种内在的传统思想也是很难发生彻底改变的。总的来讲,马氏族学是族人思想变通的表现,虽然其中仍有一定的保守性,但置于当时来看,是具有一定进步性的。

清末民初,政府借普及教育之名,推行新族学运动,改革族学为国民学校,成立校董会,转移家族的大部分资产,以削弱地方家族势力来达到政府控制乡村的目的,但是家族通过对原有族学的改良来适应时代发展需要,巧妙地化解了自身与政府之间的矛盾,同时也促使自身在地方势力博弈中不断壮大和巩固,由此可见,地方家族的变通能力是超乎想象的。

## 第四节 族谱修撰教化旨趣的转向

族谱是有文字以来,记录家族发展、见证家族兴衰,始终伴随着家族组织的一种文献。谱牒在中国历史上也是几经兴衰,什么时候家族制度发达,什么时候谱牒也就盛行。在宗法式家族社会中,以血缘关系为纽带将家族联系起来,所以要求内部的血缘关系必须十分清楚。在没有文字之前,这种关系依靠家族成员代代口耳传授,文字产生以后,人们便用文字将这种血缘关系记录下来,谱牒便由此生成。可以看出,族谱在这一时期起到了维系宗法社会稳定之效果。后来随着宗法制的消亡，族谱也消失了一段时间。东汉末年到魏晋之际，随着世纪大族式家族的兴起，谱牒也再次兴盛起来。这一时期的谱牒在内容与形式上都有别于西周春秋时的谱牒，主要有三种形式：一是家传，是某一家族子孙为了歌颂为家族做出贡献的先人，表彰他们的功绩，夸耀于乡里，借以抬高家族的地位；二是家谱，家传是传，只能记载家族一些名人事迹，而家谱则用于将名人与非名人在内的所有族众贯穿起来，注明他们之间的血缘关系；三是簿状，是一种官修谱牒，用以记载全国或某一郡所有士族的家谱。[1] 这一时期的族谱更多的是为了彰显家族的实力而设。

到了唐代，从唐太宗开始，对谱牒进行了数次重修，其目的是为了培植一个新的士族集团，以代替原来的旧士族集团，壮大自身统治基础，以巩固唐王朝统治，带有抑制旧士族的性质。宋以后，随着近代封建家族制度的形成，修家谱的风气再次兴盛起来，这一时期所修家谱内容非常丰富，详细记载了族史、世系图、家族家规、人物传、祠堂、祖茔、族田等。我们今天所能见到的家谱文献，也多是宋以后这种形式。另外，一个家族的家谱，必须定期续修，因为每隔一段时间，家族中会添新丁也会有老者去世。绝大多数家族的家谱都是三世一重修[2]。

---

[1] 徐扬杰：《中国家族制度史》，武汉大学出版社2012年版，第238～239页。

[2] 徐扬杰：《中国家族制度史》，武汉大学出版社2012年版，第299页。

## 第二章 燕赵地区家族教育在近代发生变革的外显形态

时间来到清末民初,这一时期家谱修撰仍在进行,但不同的是随着时间的推移,家族在家谱重新修撰时所要表达的教育旨趣发生了改变。谱牒的编撰是出于一定的目的,这如同《史记》《资治通鉴》等史书的编纂是为了给君主提供治国方略,而谱牒则是为了维护家族的繁荣与稳定。当然谱牒编撰在历史上的每个时期都有着共有的和相对不同的目的,接下来我们将深入探讨这一时期族谱的修撰发生了何种变化。

"国之有史者,何谓也,考君臣之治乎,载政事之得失,编年纪月,所由详也。家之有谱者也,何谓也,别支派之远近,正尊卑之名分,大宗小宗,所由昭也"[1],而"人之有祖弥,犹木之有本,水之有源也,而人之有世系,犹木之有枝,水之有流也。不纪祖弥则本源难分,不序世系则枝流莫辨"[2]。与修国史之于国家的重要性一样,修谱对于每个家族而言也是至关重要的任务,不仅仅是为了"饮水思源,植木务本,沐泽追远",更是中国数千年之礼法,因为"古有明训,况我中国本系礼教之邦,数千年来,莫不以家族制度为基础乎"[3]。

修谱在地方家族眼中是十分重要的事情,而且多次续修者必为名门巨族。正如东光马氏家族马永图之女婿纪昀为《马氏家乘》五修谱作序时所言:"古氏族之书今皆轶矣,其略可考者

---

[1] 刘秉篪:《廊坊刘氏族谱》,民国十二年(1923年)刻本,第三卷,第11页。

[2] 刘秉篪:《廊坊刘氏族谱》,民国十二年(1923年)刻本,第三卷,第12页。

[3] 刘秉篪:《廊坊刘氏族谱》,民国十二年(1923年)刻本,第三卷,第12页。

惟《世本》散见于诸书,然杂纪帝王诸国之世系,非一家之书也。《文选》注引刘歆《七略》始载子云家牒,刘孝标注《世说新语》所引晋代诸家谱,尤班班可稽。今之族谱其昉于汉晋以来者,谱有欧阳永叔、苏明允纵横二例,太史公年表月表说者谓旁行斜上,仿诸周谱,则横谱尤古法矣。今士大夫家例有谱,然其能一修再修至四五修而不已者,则必名门巨族始有之,盖必祖宗积累者深而后其子孙富贵蕃衍,可编辑而为书,寒门细族弗能也。又必其子孙象贤克承先德,无忘敦本睦族之谊,而后相续成其事,始振中蹶者亦弗能也。然则门户之盛衰与福祚之修短,盖可于家乘验之矣。"[1] 可见,纪昀在序言中指出,古氏族之书惟《世本》散见于诸书,记载着先秦时期各邦国之志,奠系世,辨昭穆,而当今族谱多以汉晋时期的欧阳永叔、苏明允纵横二例为主,世谱不再仅仅是帝王贵族的特权,民间也逐渐开始修谱,而且只有那些名门巨族、祖宗积累者深且子孙克承先德之家族才得以"一修再修至四五修而不已",而"寒门细族弗能"。这些高门巨族在撰修族谱时,其旨趣如何呢?下面我们就一步步进行分析。

## 一、进一步增强家族观念

晚清民国时期,燕赵地区家族多"有离异乡井,各适所适,彼此不相闻问,即或聚族而居亦以情意隔阂,类不知尊祖敬宗睦族为何事,识者忧之,于是思所以救宗法之失而借以联合同

---

[1] 马春晟等:《沧州东光马氏家乘十修谱》,民国十一年(1922年)刻本,不分卷,原序。

## 第二章 燕赵地区家族教育在近代发生变革的外显形态

姓者,则谱系之"[1]。族人并没有因为外界战争和国内格局的变革而放弃家族修谱的观念,为了维系大家族,反而更是提倡修谱和加强同宗观念,以免族人"不知尊祖敬宗睦族为何事",更是为了子孙后代可以"观宗谱世图知支派所衍,上治旁治下治秩然有所不能紊也,观新旧各茔图知兆域所在某山某向某穴某墓茔,然不至迷所识也。读系述知相传世次,缺者无由详而详者永无缺也。读隶籍考知迁居所自,如寻山而得其派,饮水而知其源也,读命名族居睦族等论说知传字犹之传心,同气不殊,同井族之人相友相爱,悉如家人父子之聚处一堂也"[2]。

河北蠡县孙氏族人十分注重尊祖睦族,更是把睦族文放在了家谱的最开始的位置,其言曰:

> 慨自宗法之不明世系之久紊也,同族之人有喜不庆忧不吊者矣,有患难不相恤疾病不相问者矣,更有反唇以相诟操戈以相向者矣,无怪乎一陇之田起争,半壁之墙兴讼,水火不通,其求睚眦必报其怨也,如此则族人也,而途人矣。抑知今之视为途人者,其初兄弟也,兄弟其初一人之身也,以祖宗一人之身分而为众子孙之身,而竟秦越相视骨肉相残,不知置祖宗于何地矣。今者宗谱既成,世图兼绘,则由身上而溯之而父而祖而高曾以至于始祖,上皆有

---

[1] (清)孙松龄:《保定蠡县孙氏家乘》,清宣统元年(1909年)刻本,附录。
[2] (清)孙松龄:《保定蠡县孙氏家乘》,清宣统元年(1909年)刻本,附录。

所承也，下而究之而子而孙而曾元以至于云来，下亦有所继也。披图阅谱之余，觉百年如一日，数世犹同堂，从此一派相传，百世不紊，袪陵竟之，思起尊亲之念，使一族之人父慈子孝，兄友弟恭，长惠幼顺，无欺侮，无乖戾，无诈虞，无骄吝，无偏于爱憎，无流于比党，无习于淫佚，无诱于奸邪，无以贫富而易心，无因贵贱而改目，无听妇言而手足之情，无重资财而失睦姻之谊，将见危者持之，颠者扶之，急者周之，灾者就之，讼者息之，仇者解之，冤者申之，失教者诲之，失养者抚之，失所者安之，失业者助之……于此敦家声，于此振祖德，于此昭后昆，于此裕矣，我族人共勉旃。[1]

自此可见，虽然正处宣统年间，格局动荡，但孙氏家族仍然希望族人之间可以相互照顾，同族之人有喜可庆，忧而相吊，疾病相问，且思起尊亲之念，百世不紊，继而敦家声，振祖德，昭后昆。

在这一动荡时期不光蠡县孙氏家族重视修谱，东光马氏家族更是看重族情的巩固，增强同宗观念，如东光马氏民国十一年（1922年）版谱跋记载："谱牒所以明世系，别支派，非可以家世炫也，亦所以昭祖德，详继承，非可以虚词参也……考核昭晰，序次详明，遂令三百余年厘然在目，十有六世宛如一堂，其间有政绩志之，忠义志之，节孝志之，文学行谊不可泯没者，

---

[1]（清）孙松龄：《保定蠡县孙氏家乘》，清宣统元年（1909年）刻本，卷首。

## 第二章 燕赵地区家族教育在近代发生变革的外显形态

亦届志之。俾世世子孙咏怀前型。要皆质言之,以载其实,无铺张扬厉之文也。由是念吾家自徙东光以来,惟崇朴黜浮,世守忠信,以为家风,而此屡经更定之谱,亦惟是敦本睦族,无所粉饰,以率旧德。"[1] 可见,东光马氏之所以在民国时期再次修谱,目的在于增强家族成员同宗共祖的观念,形成举族和谐、安宁之势。

总之,在晚清民国时期的燕赵地区家族,由于子孙的繁衍、国体变更等因素,家族续修族谱、巩固族谊的热情更加强烈,这使得同宗观念进一步加强。

### 二、由彰显家族实力到家族精神传承的转向

汉代史学家司马迁曾言:"维三代尚矣,年纪不可考,盖取之谱牒旧闻",此言一方面揭示了谱牒对于史学研究的重要意义,也侧面反映了我国谱牒文化发生之久远。梁启超在《中国近三百年学术史》一书就指出,族谱、方志与年谱,"三者皆为国史取材之资"。这是不同时期的学者从文化研究角度对谱牒所作的评价,因此,关于谱牒的作用我们无须在此赘述。如果我们脱离整体文化研究视角,去考量不同朝代、不同地域的家族在编撰族谱时的教育旨趣是什么,前后发生了何种转换,将是一件非常有益的事情。在早期,家谱的修撰最主要的旨趣是彰显家族实力。在魏晋那北朝时期,盛行九品中正制,所谓"上品无寒门,下品无世族"的由来就是因为在世家大族式家族形

---

[1] 马春晟等:《沧州东光马氏家乘十修谱》,民国十一年(1922年)刻本,不分卷,原跋。

成之后，当时的选官、品人、家族联姻等所依据的都是门第。门第不同，政治权力与社会身份相应也会不同。在当时来说，士族与庶族必须有清晰的界限划分，那么在家族林立的魏晋时期，人们该如何去辨别哪家是士族，哪家又是庶族？另外，即使是同一姓氏，天下同姓的人也很多，如何去辨别谁是琅琊王氏，谁又是太原王氏？除此之外，还需要解决一个问题，即随着战争所带来的家族迁徙，如何去防止某个庶族迁到它处后，去冒充士族上门呢？这就需要有一种文献把天下的士族记录下来，使人们可以根据这些记载去辨认哪家是士族，哪家是庶族，谁家是高门，谁家是卑门[1]。这即是族谱的作用所在。一方面族谱能帮助我们去区分孰优孰劣，另一方面，通过族谱的修撰，亦能明确本家族的地位，彰显本家族之实力。另外，唐初时期，唐王朝三次大修谱牒，不过是一种培植新士族、贬抑旧士族的措施或行为罢了，带有明显抑制旧士族的性质，期望通过修谱来抬高李姓的地位。此风代代相传，在中国古代社会，一贯如此。因此，我们可以说，族谱修撰在中国古代的不同时期、不同环境之下都带有彰显家族实力这一取向。

到了近代，随着封建等级制度的衰微与族人思想观念的变化，族人在修谱时主要目的不再是显示家族实力，而是对家族发展过程中所凝结的优秀的家族精神进行纪录与传承，为后世树立榜样。在燕赵地区众多有代表性的家族中，我们都可以看到这一点。

---

[1] 徐扬杰：《中国家族制度史》，武汉大学出版社2012年版，第238页。

## 第二章　燕赵地区家族教育在近代发生变革的外显形态

《北店头贾氏族谱》大体上反映了唐县北店头贾氏族人的始祖及其繁衍迁徙的历史与现状，重点记录了贾氏家族世世代代艰苦创业、自强不息的光辉业绩，特别是在抗日战争和解放战争时期以及社会主义革命和建设事业中所建立的丰功伟绩。将家族这些奋斗拼搏的经历记录下来，将族人在奋斗中所表现出来的优秀品质传承下去，同时也为全国贾氏大族谱的编写积累大量的可靠资料与宝贵经验，这是编修该谱的主旨所在。[1]

《临榆田氏族谱》是田氏七世中玉在担任山东督军兼省长时所修。田氏七世单传，别无族属。田中玉祖父、父亲皆英年早逝，田中玉的成长离不开祖母与母亲的悉心照料。也正因为二人对田中玉教育的重视，田中玉才得以进入武备学堂学习，方有了后来的一系列成就。该家谱正是田中玉为了感激祖母孙氏、母亲阎氏的养育教诲之恩，不忘先人之遗训而作，意在将家族这种艰苦奋斗的精神传承下去。在家谱中我们随处可见的是田中玉对二人教诲的谨记。在田中玉的呈临榆县公署文中曾这么说："曾受有先祖母孙氏及先母阎氏遗训，谓吾家素贫寒子弟无力读书，深抱遗憾，将来如家道稍裕，务以量力资助，培养人才为要，而人才甚广，尤以先行培植本籍之贫寒子弟为急，至今思之，言犹在耳，敢不勉遵，以承先志。"[2] 而在实践中田中玉也正是这么落实的。在田氏私立中学校规中，在招生方面规定，每班五十人为限，但尽临榆籍贯收受，不足额时有外籍

---

[1]　韩海山：《北店头贾氏族谱》，2008年续修版，第2页。
[2]　田中玉：《秦皇岛临榆田氏族谱》，民国十三年（1924年）刻本，第38页。

补足[1]。可以看出，田中玉无论在言语还是实践中，都谨遵先人遗训，意在将家族优良品质传承下去，实为"家有将种，蔚为国光，是以缅彼前贤，泽流后嗣"。

《阜平陈氏家谱》中也充分体现了这一转换。冯玉祥为陈氏作谱序时说道："修宗谱的意义绝不是仅仅为了纪念先祖遗志不忘，更不是为了表彰先人的事迹以自誉，或有意夸耀于人，只是鼓励世代子孙能本着先人的精神在为社会服务，而且须发扬光大，希于国家社会有更大之贡献。所以我认为陈同志继淹修宗谱并非没有意义的事，而且希望他能本着先人的意志去担当一切责任，更以做到为大多数人谋最大幸福之最后任务。"[2]显然，把先人的精神发扬光大，以期对国家、社会作出更大的贡献，不仅是冯玉祥的一己之见，而且是陈氏族人的共识。

《正定王氏家传》开篇叙录就提到"学不足以只一心，胡以为身谋职，不足以知一家，胡以为国兴天下，此皆君子所宜急也。此乃于先世文献仰之即久确知其会通所在，此家传之所繇著也"[3]。显而易见，家传编纂者王耕心在开篇即点明了修家传之目的在于传承先世的优良品格。

---

[1] 田中玉:《秦皇岛临榆田氏族谱》，民国十三年（1924年）刻本，第55页。

[2] 陈继瑄:《阜平陈氏宗谱》，民国二十四年（1935年）刻本，上卷，国民政府委员冯玉祥序。

[3] （清）王耕心等:《正定王氏家传》，光绪十九年（1893年）刊刻，第一卷，叙录。

第二章 燕赵地区家族教育在近代发生变革的外显形态

### 三、民主平等观念的深入人心

伴随着自由、民主、平等思想的传入以及家族传统思想的转变,家族修谱中平等、民主的思想逐渐显现。如东光马氏家族的族谱中,出现了"公议""公阅"等字眼。这一点,可以从马氏祠堂规约中看到:其一,"办事之人代族长服劳,不得竟以族长自居,如有公事,仍当告诸族长,商诸族人";其二,"凡族长与诸办事者年终即各自已告退,或去或留,族人有公议";其三,"管账人泽济不得私行借贷,须出入分明,账目清白,岁终族人公阅"。[1] 这表明,在一个大家族里,不再是某个族人、尊长说了算,而是需要民主决议和阅示。

另外,对于入谱之人的选择也有所改变。在以往的族谱中,其他姓氏族人是不可以入谱的,如河北定兴《鹿氏二续谱》第一卷修谱条例当中一条曰:"吾家受户以来,未尝有异姓乱宗及胥吏优伶之辱,有则屏之,为僧道者亦削之。"[2] 但是随着民主、平等观念逐渐深入人心,有的家族族谱中有关于异姓族人的记录,如在河北东光《马氏家乘》第五卷异姓承袭谱中曾这样记载:"已丑谱载,维堚公子洗林、连塘公子从云皆异姓子,至今始知宗不可乱,是适以乱之也。今特开一宽路,庶可少蒙混相加之弊,且感义父之恩,不肯归宗,其人正宜嘉予,第不乱吾宗斯已耳,亦何必深绝而使之奔佚哉。戊戌谱元会公子池睿、

---

[1] 马春晟等:《沧州东光马氏家乘十修谱》,民国十一年(1922年)刻本,不分卷,马氏建立祠堂约。
[2] (清)鹿传霖:《保定定兴鹿氏二续谱》,清光绪二十三年(1897年)刻本,第一卷,修谱条例。

莹子鑠宜亦皆养子，兹特更正，又添德立公一支，补前次所遗。"[1]

---

[1] 马春晟等:《沧州东光马氏家乘十修谱》，民国十一年（1922年）刻本，不分卷，异姓承袭谱。

# 第三章
# 燕赵地区家族教育的变革对文化转型的塑造

近代以来燕赵地区的家族教育通过变革,培养出大批新式人才,参与并引领了地方文化建设与转型。作为吸纳了新时代教育养分的大家族,其家族教育影响遍及燕赵地区甚至于全国。当家族教育取得成功之后,其经验会向外扩散影响整个区域。由于家族教育与区域文化之间存在着密切的互动关系,近代以来家族教育的剧烈变革必然会对地方文化转型产生深远影响,家族教育的变革所塑造的新的文化图景会对地方文化建设产生反哺的效果。家族教育变革对地方文化转型的塑造首先体现在价值观的转变上。价值位于文化的深层结构,是文化系统中最难变动的文化因子。价值观是文化的核心部分,最能体现文化的特征和类型。价值观也指出了整个文化的基本价值倾向,赋予文化以基本的价值精神。[1] 传统价值观的松动必然引发诸如思维方式、情感体验、行为方式等的转轨,因为这是一系列内在相互关联的文化因子。燕赵文化的转型就是循着这样的轨迹发生变动的。

---

[1] 李春雷:《清末民初的价值主脉——中国近代知识分子的价值观》,西北大学 2002 年硕士学位论文。

## 第一节 价值观的变异

中国传统价值观向近代价值观的转变可谓是一个复杂的历史过程，有着自己的突出特点，但是我们从人类文明发展的整体视角来探究，会发现中国近代社会价值观的转变，包括燕赵地区的价值观转变，与世界其他各民族的价值观转变相比较，无论是在内容上还是在形式上都有一个本质上共同的特点，即它们都是一个影响广泛的启蒙运动。[1] 从世界范围来说，近代史上启蒙运动的主题是"人"，涉及人的解放与发展。从时间角度来考虑，与中国近代文化转型在时间上相对应的是五四新文化运动。五四运动也极大地推动了近代文化转型，将人格的重塑重新提了出来，五四时期的思想家、教育家大都把引入民主与科学视为改造人生的重要途径。[2] 无论是我们当下所处的新时代，抑或是回首过往征程，一个重要前提条件是必须首先完成人的解放这个历史任务。价值观革命性变革的核心就是人的解放。人的解放要求充分去发挥人的智慧，扩充人的能力以及给予人以充分的自由。这些价值观的具体转变是通过家族教育的改革而影响近代文化转型的。家族之中的人才经历了从传统知识阶层到新型知识分子的价值转变，这一过程是在"西学东

---

〔1〕 宋惠昌：《中国近代价值观变革的启蒙意义》，载《天津行政学院学报》2008年第1期。

〔2〕 丁钢主编：《历史与现实之间：中国教育传统的理论探索》，广西师范大学出版社2009年版，第82页。

渐"过程中随着与西方文化广泛接触逐渐完成的。这种转变主要体现在以下方面。

## 一、由臣民意识到公民意识的转变

秦建立了统一的帝国之后,中国进入了长达两千多年的封建社会,秦王朝经过短暂的暴政统治之后即走向了覆灭。汉初实行"休养生息"的政策,汉武帝时期,董仲舒在《天人三策》中提出"独尊儒术,罢黜百家"的主张,把先秦时期的儒学加工成了以"三纲五常"为核心的封建伦理道德。此后,儒家思想体系便成了主导封建王朝政治与文化建设的核心理念,[1]并与长达两千多年的封建王朝共生共存。到了宋明时期,以朱熹为代表的儒学大家,对儒学又作了全新的解释,并吸收佛道两家的思想,创立了理学。朱熹以"理"为依据,提出了"存天理、灭人欲"的主张。宋明理学把儒学哲学化,把儒学推崇的三纲五常等政治伦理道德比作至高无上的天理,从哲理上加强了封建政治的统治。[2]不难看出,无论是董仲舒的"独尊儒术,罢黜百家",还是朱熹的"存天理,灭人欲",都迎合了统治者的需求,加强了封建王朝的统治,这也是儒学一直作为显学的原因所在。而儒家为了压制人的个性,以加强封建统治,其核心手段在于培养人的"臣民意识"。中国古代社会属于伦理性社会,而这种社会的基础为宗法制度。由于宗法观念的内在要求,对家长的"孝"就成了家族里每一个家庭成员的必然任

---

[1] 顾明远:《中国教育的文化基础》,山西教育出版社2004年版,第45页。
[2] 顾明远:《中国教育的文化基础》,山西教育出版社2004年版,第49页。

务，同时也成为衡量家庭成员善恶与否的价值准则。国家结构是以君主为核心的，那么在这个体系之下，对君主的"忠"则成为每个臣民应尽的义务。同时，这也是从政治上衡量个人品质与价值的标准。[1] 儒家经典著作《孝经》特别提到：始于事亲，中于事君，终于立身。显然，其意在强调忠孝乃修身立业之本。儒家即将这一主张贯穿教育的始终。这种臣民意识已然成为封建社会的本然之道、当然之则。家族作为社会的基本单位，自然会按照君主意志，培养忠孝的族众，这从家族教育的内容之中也可以发现。

伴随着近代以来家族教育的变革，通过引入西学，改革传统的伦理教育，提倡尊重人的个性、人的地位，传统的臣民意识受到了冲击。通过我们前面列举的一些宗族所进行的教育改革，不难发现，不仅本族人，整个村落甚至更广泛地域的人们都开始关注自身的生存问题，强调人的主体性，无论是物质上还是精神上，公民意识开始萌生。这种公民意识体现为人们思想解放，强调自主意识与独立人格，主张获得接受新教育的权利，开始挣脱封建礼制的约束对人所造成的奴隶根性。

北店头贾氏家族通过教育改革，不仅重塑了本族人的主体意识，这一变化更是影响到了周边广泛地区。辛亥革命前后，孙中山的革命思想首先由十六世贾裴卿传播到北店头村。革命思想的核心即推翻封建王朝统治，建立民主共和国，实现人民的解放，在价值观上就表现为唤醒人们的公民意识。这也是贾

---

[1] 李宗桂：《中国文化概论》，中山大学出版社1988年版，第54页。

## 第三章 燕赵地区家族教育的变革对文化转型的塑造

氏族学改革的重心。贾裴卿不仅改革本族教育,还在全县推行国民教育。他尽心竭力举办唐县师范讲习所,为培养新式教师做出了巨大贡献。[1] 这些措施无疑都促进了革命民主思想在唐县地区的传播,培养了民众的公民意识。五四运动后,贾氏家族的教育重视爱国主义教育,因此,爱国主义思想在贾氏族人中的影响比较普遍,大家的公民意识都变得很强烈。族人积极关心时事,男人带头剪辫子,女人带头放脚,积极送子女上学,痛恨投降派的卖国行径,抵制外国宗教势力和国内的会道门强拉入教,赞赏义勇军和抗日将领的爱国活动。[2] 我们可以看出,贾氏族众已具备自觉的公民意识,不仅关注家族的发展,也关心国家的命运,而这种关心不同于封建社会人们愚昧的臣民意识,任何事情都要求听命君主,不违背封建伦理纲常,人们逐渐意识到自己作为一个个体是属于社会、属于国家的一部分,爱国既是一种情感所在,同时也是自身职责所在。正因为这种公民意识的存在,为之后北店头成为唐县抗日根据地打下了基础。抗战时期,贾氏家族成员积极响应中国共产党的号召,切实履行自己保卫国家的责任,这与价值观的转变是离不开的,而这种转变也深刻影响着唐县及周边广泛区域。从族中的领导者来看,其核心人物张春云毁家纾难,誓死抗日,不仅让出最好的房子给中国共产党的领导人物臧伯平居住,还把臧伯平的家属接到自己家中,以保安全。张春云还申明,大到房屋、钱粮,小到办公桌椅、被褥,发现缺什么,只要家中有的,中国

---

[1] 韩海山:《北店头贾氏族谱》,2008年续修版,第150页。
[2] 韩海山:《北店头贾氏族谱》,2008年续修版,第149页。

共产党领导的抗日组织尽管来拿[1]。从贾氏家族的整体来看，贾氏举族都投入了抗日工作。这都充分体现了族众公民意识的觉醒。也正是受贾氏的影响，北店头成为了唐县抗日的政治、军事、文化中心，抗日军民的红色堡垒，还成了晋察冀军区的前沿阵地、革命根据地的东方前哨[2]。可见贾氏教育改革所产生的效果影响范围之广。

临榆田氏对于当地民众公民意识价值观转变的促进体现在其教育实践的影响上。田中玉创办了田氏第一私立初级小学到田氏第八私立小学校在内的八所田氏私立国民小学校，以及田氏私立中学校、田氏中学预备班、田氏私立中学初级女子中学部在内的几所田氏私立中学校。这些学校在招生上不仅限于本族生源，而是对于籍贯隶属于本县之寒家子弟无力出资者，无论汉满回族一律考收。另外除应用书籍、笔墨纸张、操衣等须学生自备外，学校不收取学生任何费用。可见，在田氏家族学校中，无论族内族外之人，人人可以享有受教育的权利，虽然这种权利的覆盖范围不同于我们现在，但仍是一种巨大的进步。这无疑是一种彰显公民意识的举措。另外，学校新设的诸如外国语、历史、地理、数学、博物、物理、化学、法制、经济、图画、手工、乐歌、体操等新式课程，不同于以往传统学校旧式读经课程，不是为了控制个人的思想，培养人的臣民意识，而是为了让学生接受西方新式思想，更有利于人们思想的解放，培养公民意识。

---

[1] 贾泉河：《泉河文集》，中国和平出版社2005年版，第38~39页。
[2] 韩海山：《北店头贾氏族谱》，2008年续修版，第185页。

由于科举的废除，阜平陈氏从十四世开始，家族成员逐渐进入各种新式学校学习，所接受的教育内容亦不同于以往传统课程中所讲授的四书五经，通过接受新式教育，陈氏族人或走入新式学校担任教师，或走入军队担任职务。这些陈氏族人不仅自己接受了新式教育，树立了公民意识，同时在教师、军官岗位上将自己服膺的公民意识向广大的人群渗透、灌输，这无疑对当地人公民意识的形成、稳定产生了一定影响。

## 二、由专制主义到民主主义的转变

古代中国人之所以普遍都具有臣民意识，除了文化教育上奉行儒学，也离不开政治上所确立的专制主义。君权至上是中国封建社会政治结构的基本特征之一，而其具体表现就是中央集权与专制主义。所谓专制主义就是任何事都是皇帝说了算，皇帝的意志就是法律，而专制主义则要求压制人们的主体性，培养人的臣民意识。总的来说，从秦王朝建立到清朝灭亡两千多年间，中国封建社会政治结构发展趋势是专制主义的不断加强。这种政治结构，在封建社会前期，与小农经济相适应，促进了生产力的发展，但到封建社会后期，它逐渐成了社会生产力发展的桎梏，成为新思想生成、壮大的羁绊[1]。另外，由于中国家国同构的政治结构，家族是国家的缩影，国家是家族的扩大，皇帝是国家这个大家族的族长，而族长则是各个家族的"君主"。所以所谓专制主义形式同样存在于各个家族之中。家

---

[1] 李宗桂：《中国文化概论》，中山大学出版社1988年版，第62页。

族的族长在大家庭中有至高无上的权力,它凌驾于全体家众之上,集家族的各方面权力于一身,是一家族的最高主宰。家众只能唯命是从,依令行事。他们监管着全族的生产消费,包办子女的婚姻,随意惩戒族众。家长的这些权力是由家法家规所赋予的,并在实践中强制执行[1]。辛亥革命推翻了两千多年的封建帝制,使民主共和观念开始深入人心,新文化运动更是直接把"民主"与"科学"作为运动的两面旗帜。在这些因素的强力推动下,燕赵地区的家族教育中渗透的排距专制、崇尚民主的成分不断增强,民主观念在族众中得以扎下根来,进而影响了燕赵地区的广大人群,在燕赵地区,民主主义价值观开始逐渐取代封建专制主义价值观。

北店头贾氏家族的这种观念转变,离不开张春云、贾裴卿对于家族教育改革所产生的影响。贾裴卿在反封建的口号下,在全县推行国民教育。他以日本小学为模式,于1901年在北店头创办新式小学。这些措施无疑可以让更多的人接收到民主主义思想。另据贾曼鸥记载,张春云女士更是积极地践行民主主义价值观的急先锋。张春云嫁到贾家不久,丈夫贾云桂因病去世,家族也因为经营不善,走向败落,多亏了张春云支撑着这个破落的家族。她勤奋节俭,想让这个破落的家族重振旗鼓,因此,她按照贾家的传统,精心打理,善于理财,家境慢慢有所回升,家族出现了一派生机。[2] 而在这一过程中,张春云并没有像封建家族大家长那般,去号令他人做事,而是身体力行,

---

[1] 徐扬杰:《中国家族制度史》,武汉大学出版社2012年版,第345页。
[2] 贾曼鸥:《我的祖母张春云》,保定延安精神研究会2002年编印,第7页。

## 第三章 燕赵地区家族教育的变革对文化转型的塑造

与族人共同努力。也正是专制主义到民主主义的价值观转变，将一个没落的地主家庭改造成富农式、生产经营型的家庭。自贾云桂去世以后，在张春云的主导、影响下，传统的生产方式和生活方式被彻底改变。首先是全家人人参加劳动，她和子女们除做家务劳动之外还下地种田，自己磨米、磨面，自制酱、醋、咸菜等。平时她与两个小姑子自己纺线织布，还自制靛兰染布，供家人穿衣和女儿们出嫁作嫁装。麦收和秋收时她们都到打谷场劳动。有的族弟还是儿童时就开始放羊，日夜露宿在山上，顶上一个放羊工；有的族弟一边上学一边劳动。因去地里锄草，遭太阳暴晒，族人背上经常晒得脱掉一层皮。[1] 这一切在以前的封建式旧家族是不敢想象的。张春云还把家人和长短工的积极性全部调动起来，生产的热情十分高涨。另外，在生活方式上一切从简，家人和长短工一起劳动，通吃一锅饭，从不为家人开小灶。而且先请长短工们吃饭，然后再让家人吃。在穿着上，张春云也十分俭朴，总是穿土布衣服，从不摆阔气，就和下人、短工一样。为了搞副业生产，养猪、养鸡、养鸭等，以补充家里的零散开支。她特别善待长短工人和贫困的邻人，对于长短工，尤其平等相待。她每年为长短工发四节礼品，收成好时多发，歉收年少发。有许多例子很能说明张春云民主待人的风范。贾家长工贾兰亭因年老多病，张春云特意叮嘱，他可不干活或干些轻活，有病时必须给他请医生、买药，并让张春云的子女把药煎好送给贾兰亭。直到贾兰亭八十多岁去世，

---

[1] 贾曼鸥:《我的祖母张春云》，保定延安精神研究会2002年编印，第11页。

张春云还买棺木将其埋葬。长工刘江尔在张春云的帮助下参加抗战工作,张春云给他带上盘费和被褥,而且从不扣发他的工资。据长工贾朝海回忆,张春云为人热情,每年春节都给穷困家庭送米送面及其他年货。[1] 由于张春云为人慈善,长工们劳动热情高涨,粮仓里的粮食越积越多。在张春云的苦心经营下,农业生产年年丰收,副业生产也走上快速发展道路,家业呈现一派兴旺的景象。我们可以看出,张春云在价值观上由专制主义向民主主义的转变,一方面体现为严格约束自己与家人的行为,另一方面体现为平等对待族外的任何人。这不仅促进了贾氏族众价值观的转变,也深刻影响了家族外其他人价值观的形成。

临榆田氏在这一时期同样也实现了价值观由专制主义向民主主义的转变。辛亥革命后,树立在人们心中两千多年的封建等级制度逐渐瓦解,田中玉谨遵祖母和母亲的遗训,创办新式学校。在招生时,不仅限于让本族子弟入学,同时给予本族以外的求学者一定数量的入学名额。如果没有民主主义价值观的支配,田氏家族是不可能有此作为的。在田氏家族的影响下,临榆甚至秦皇岛地区出现了民主之风盛行的状况。

### 三、宗法观念逐渐削弱

古代家族由于深受孝悌观念影响,家族的礼法观念深入族人的思想和行为之中,再加上祠堂作为族人接受教化的场所,

---

[1] 贾曼鸥:《我的祖母张春云》,保定延安精神研究会2002年编印,第11~12页。

## 第三章　燕赵地区家族教育的变革对文化转型的塑造

反过来又进一步维系和强化了族人内心的家族礼法。而与之密切关联的就是族人热衷于修谱。族谱作为家族最为重要的文献，记录着族人的世系和血脉关系，还有族中男子的名讳、字号、生卒时间，配偶姓氏及生卒时间，以及所生子女等事项。另外，谱中还记录族人进学中举、读书做官或其他光宗耀祖的事迹和传略，此外还有家训、家法等家族规范。家族通过在祠堂中"读谱"这一环节来增强对族人的教化，明晰家族大旨，即以孝悌为核心的纲常。族长作为家族的权威更是得到族人约定俗成的认可，以使族人习惯性地按照家法来维持家族的和谐秩序，这样的家族礼法规范首先浸入族人的内心，逐渐外化成家族成员的行为方式，如在《民国新河县志》中对"家礼"有这样的记载：

> 族有长，家亦有长，以年高者为之，主持家族事务。吾国为宗法社会，故家族政治，自古已严。一家之内，子必从父，妇必从夫、弟必从兄，以数世同居为美谈。亲丧，兄弟亦不分爨。每值年节及尊长生日，族人相集，依次跪拜。娶儿嫁妇、生子抱孙，辄置筵称贺，族人亦与焉。每外出，必向亲族告别，行跪拜礼，归自远方，亦必依次拜。此礼渐废，而城西古朴，尚未尽革，其他家礼与各地方略同者，则不著焉。[1]

---

〔1〕《集成》编辑工作委员会：《中国地方志集成·河北府县志辑 71：康熙临城县志-道光内邱县志-民国新河县志》，上海书店、巴蜀书社、江苏古籍出版社 1996 年版，第 463 页。

由上可知，家族礼法"自古已严"，族中年长者任族长，主持家族中一切事务，族中成员遵守"三从四德"，尊宗敬祖。而到了民国时期，"西学东渐"的影响以及传统家族教育观的突破，导致以往的这种礼法"渐废"，家族礼法观念逐渐淡化，而与之伴随的是家族族长权力的削弱，出现了"公议""公阅"等字眼。如东光马氏祠堂约中规定："办事之人代族长服劳，不得竟以族长自居，如有公事，仍当告诸族长，商诸族人"；"凡族长与诸办事者年终即各自己告退，或去或留，族人有公议"；"管账人泽济不得私行借贷，须出入分明，账目清白，岁终族人公阅"[1]。

此外，还有研究者曾调查冀东地区的农村，发现"到二十世纪三四十年代，随着社会变迁速度的进一步加快，族长权力大幅度萎缩，地位明显降低"，"许多农村已经没有了族长，据对乐亭、滦南、滦县、迁安、迁西、遵化、丰润、丰南、昌黎9个县24个村庄的调查，无族长的有18个，占总数的75%，而有族长的仅6个，占总数的25%。甚至在一些同宗姓氏比例很高的村子也没有所谓的族长，如被称为'京东第一家'的乐亭县汀流河镇刘石各庄村刘家，虽然当时的门庭显赫、财资雄厚、远近闻名，但据曾给刘家看过坟地的刘仁回忆说，刘氏宗族没有族长"[2]。像这样族权衰落的情况，并不是在一瞬间形成的，而是一个逐渐演变的过程，所以可以推断，在清末民初时期宗

---

[1] 马春晟等：《沧州东光马氏家乘十修谱》，民国十一年（1922年）刻本，不分卷，马氏建立祠堂约。

[2] 魏宏运主编：《二十世纪三四十年代冀东农村社会调查与研究》，天津人民出版社1996年版，第367页。

法观念削弱的情况就已经出现了。

## 四、职业观的转变

虽然小农经济在近现代时期燕赵地区尤其是广大农村地区依然占据着主导地位,而且其商品经济发展程度与同时代的南方相比有一定的差距,但是与以往一直以自给自足的小农经济为主的情况相比,燕赵地区的商品经济成分已经是有所提高。粮食、棉花等经济作物的市场得到拓展,人们与外界的联系也逐渐增多,再加上燕赵地区城镇的近现代商业不断兴起,农村地区的人们为了满足自身生活需求,同时受到当地家族子弟职业观转变、对外交通趋于便利等的影响,农民开始逐渐走向城市,以往的重农轻商的思想观念也受到冲击,人们的职业观随之发生转变,不再仅仅以农耕来维持家庭生活,而是转向士农工商各种行业。如《民国沧县志》中记载:

> 民,以食为天,而食之所由出在乎,农田力田之农其别有三,一曰自田,二曰佃田,三曰租田。自田者以己之田,自种自收,自己也。佃田者一家出田,一家出人,虽分主佃,亦近乎东伙也。租田者以己之田租给他人,按年收租,无事己之劳力也。产额最高者为租田,自田次之,佃田最下。自然之势有如此者,沧境田壤沃瘠参半,下于南皮,而过于盐山,即汗下之地,尚有鱼虾芦苇之利,其生产额仍居中上,故农民之习性布衣疏食俭朴,自甘力穑服田,家给人足。四民之中,惟农家有棉长支象。近二十

年来，地价顿昂，牛量籽种及农田器具，其值亦日益而月增。又因时局所关，按村摊欠，计亩加捐，而农民终岁勤动，有不能赡养身家者，嗟乎，我农夫未免辍耕兴叹矣！幸沧地当水陆通衢，耕种之暇兼事负贩，亦小有补助，至于壮年男丁往往出外经商或投入军界，积有余资，汇至家以购置地亩，其所凭藉者然也。

工，四民之中生物者，农成物者，工然工有劳工艺工之别，劳工即农民之变相，或因荒歉失产，则为人佣作。值以年计曰长工，或田不足而力有余则半农半工，值以日计曰短工，或春前秋后农作之暇则出外以谋。路矿劳作名曰小工，从前路矿为兴，农民不出乡井，事少人多，供浮于求故，工值极廉。今既交通便利，巨工繁兴，每村出为小工者恒以百计，乡间求多与供，工值骤增，此亦世变之影响，不仅沧境为然也。艺工系普通公艺，如木工、石工、油漆裱褙成衣及编织烹饪等，沧境均未见特长。此外，染衣恃晋人，冶铁恃鲁人，补资则宁津人，张箩则深县人，造砖瓦则盐山或庆云人，由来已久，至今不变。统计全境无甚工艺之可言，近年来建筑日兴，瓦工颇能奏效，他如提花工厂，织布织袜工厂，及妇女编草帽，缠似足，风行一时，而民间日用必需之物多半购诸舶来品，利权外溢，非振兴工艺不可也。

商，事有可以通有无，审取舍，周转灵敏，裨益于地方者商是也。然商之大别分三级，下级者为稗贩，其资本甚小，概系寒贱者为之，藉以博蝇头微利。中级者为集镇

## 第三章 燕赵地区家族教育的变革对文化转型的塑造

铺户，其资本较充，于市面有通融之益。上级者为大商，其资本雄厚并可与外埠各商汇兑交易，可以获倍蓰之利，其概况也。沧县商务当长芦运使驻节之时，鹾商麇集于此，文绣膏粱纷华奢丽，商业繁荣，非他处所及。自康熙丁巳运署移建津，咸丰癸丑而后仕宦散居各乡，治城之经商者顿形冷落矣。嗣后整理市场，讲求贸易，商业亦渐次恢复就近。今二十年，考之盐商当商而外厥，唯钱商粮商及布商木商洋广货各商约计七十余行业，亦云盛矣。自钱法变而折合赢余之事无形取消，即放欠为营业者以各业生意萧条，而子母亦多损失，粮商较为稳固，然推销本地获利无多，若代客买卖之行栈以战事迭兴，而外商不至，河流将涸，而运输维艰，布商木商洋广货各商，半多人生日用之品，唯历年赊欠不免损耗，资本加以增税增捐，事事均足以亏累，唯有自设行栈，如煤油纸烟诸大宗，代人经理，坐提花红，或收买内地土货转售，外商并有购置伟大机器创立新事业者，若富利面粉公司、昌明电灯公司皆商业之特著者，此境内之大概商情也。[1]

由此可见，商品经济带来的波及效应，不仅影响到了官僚贵族、士人阶层，也把平民百姓、市井走卒囊括其中，虽然有的耕农由于"不能赡养身家"而辍耕经商，但是"尚商"之风还是在人口基数最大的平民阶层流行开来，突破了"重农抑商"

---

[1]《集成》编辑工作委员会：《中国地方志集成·河北府县志辑 42：民国沧县志》，上海书店、巴蜀书社、江苏古籍出版社 1996 年版，第 422~423 页。

的传统价值观念束缚。当然，他们的价值观念的转变，"工商皆本"思想的形成并非偶然，它不仅仅是生产力发展的结果，更是深受当地家族子弟职业观转变的影响。

除了士农工商行业外，有的族人也选择弃笔投戎，参与军事。如东光《马氏家乘》中记载，马满芳"嗣因家计日窘，遂弃举子业，幕遊临城、易州、天津、朝阳、怀来等处。同治七年夏间，捻匪骚扰直境，复就督师左文襄公前锋喜都军聘，溽暑烈日之中，无役不从。行则征鞍，止则翰墨，军书旁午，万言立就。荡平后，保以府经、县丞，不论双单月归部铨选。后又参赞直督李爵相亲军，及直字营防军，以积劳假归，卒于家，年五十有九"[1]。可见，伴随着科举制的废除，晋升之路的中断，再加上清末新政军事改革对军人的大量需求，使得军人成为许多人立身和实现自身理想的新捷径，所以一些家族子弟也志愿成为军人。如清苑宋氏十四世焕章在军事方面便立下了丰功伟绩："清光绪二十六年（1900年）方十有七岁，即入武衙右军部队学校，试辄冠其曹，二十八年（1902年）卒业，直督袁派充排长，以才勇为上官所知，累迁至营长。宣统三年，于克复龟山案，由湖广总督袁保免补副参领，以正参领即补，并赏戴花翎加二品衔。民国元年（1912年）改授陆军少将，民国三年（1914年）冬奉令调北京旋任第九师团长，迨民国六年（1917年）欧战事起……乃自公始于民国七年（1918年）秋振旅往行抵俄境……及抵双城子，以联军方在前方，与过激派战，遂留

---

〔1〕马春晟等：《沧州东光马氏家乘十修谱》，民国十一年（1922年）刻本，不分卷，马公满芳传略。

驻双城,策应联军,联军得我军,为援获大捷,然敌势虽杀,其余孽仍出没,山岭丛错间,我军以不及一旅之众,分防千余里,势单力薄,辄为匪乘,然我军于冰天雪地中以寡敌众,卒获胜利。尝于美军同役,我军报捷,美军深服,我军果毅耐劳,宣诸联军群相惊异,谓我公治军为彼所不及,历受各国元首赠宝星徽章。"[1] 显然,近代以来,随着大量人员选择从军,中国尚文轻武的传统得以改变,国人的尚武意识不断觉醒,也促进了传统职业观念的变迁。

总的来说,在近代社会,燕赵地区的人们逐渐改变了以士为先和登科入仕第一的价值取向,开始认同让家族子弟接受新式教育和适者生存的职业观,对传统职业观中有关农工商等的职业条规进行了明确修改,就业观念呈现多元化的特点。

**五、女权思想的凸显**

明末以来,受"王学"左派思想的影响,文化阶层兴起了反思女性地位和生命价值的思潮,不断冲击礼教束缚女性的道德网罗和社会习俗。此风未能在社会实践层面结出女性进步和解放之果,却在明清两代开出了灿烂的女性文艺之花。清代理学家和文人在一定程度上表现出对女性才貌德能的重视和尊重;朦胧的女性意识也被文人和才女表现在文艺之中,超越着禁锢女性的现实世界,悬照在女性人生理想之域。

---

[1]《集成》编辑工作委员会:《中国地方志集成·河北府县志辑29:民国文安县志-民国清苑县志》,上海书店、巴蜀书社、江苏古籍出版社1996年版,第456页。

西方列强以坚船利炮叩关通商，近代女权思想也随着西学的涌入传入中国。中外交流在各领域的深化，女子学堂教育的逐步开展，大众传媒的兴起，为华夏女性意识的觉醒带来了两千年来未有的契机。最早接受西方思想熏陶的知识分子，带着紧迫的民族危机感和焦灼的救亡意识，从社会变革的角度，构建出符合男子社会文化标准的理想女性形象，关注女子在新时代承担的社会角色。这一点，在武强贺氏家族中得到了充分体现。

对近代贺氏家族影响至深且巨的人物贺涛，在自己的文章中矫正了清代中期以来标榜女性节烈卓行的思潮，着力书写门内庸行，以呈现先王女教之本、女德之正。他用中西文化比较的方法，叙述男女、家庭、社会中女性地位和功能的中外演变历程，对我国传统女性观，诸如女性职分、贞顺、节烈等思想做出新的阐释，推动了女性传统观念现代化、西方思想本土化。他所描绘的女性观与同时受西方女性思想启蒙而生成的女性观，本质上都是男性文化中心的他者赋权，不是立足于女性生命本体的自我赋权。其不同之处在于，女性启蒙者以报刊文章、学堂教科书编撰来传播西方女性思想，而他则以古文为载体书写他所认识的女性观。清末国门洞开，"西学"涌入，以人文主义精神为核心、强调女性自由意志和男女平等的现代女性意识传入国内。与此相应，自19世纪30年代开始，女子学堂教育逐渐开展起来。从女子教会学堂到官办的女子中小学堂和师范学堂，女子教育多能立足科学常识，提供治家育儿的知识技能，帮助女子养成健康卫生的生活方式，并积极赋权女性，启蒙她们从

第三章　燕赵地区家族教育的变革对文化转型的塑造

家庭走向社会，积极引导男女平等思想，使传统的女子成为德智体全面发展的国民之母和女国民。贺涛的文章中也以较为开放的视野、平和折中的态度，廓清传统源流，力求融汇西学于中学的肌体之内，创生新知新境。他受传统女性观自然演进和西方人文精神的影响，多将女性与女性文学纳入观照范围，形成了具有衔接传统与现代的女性观。随着外来西学的涌入，自由平等的观念逐渐影响着人们的思想。到了贺涛，他的女性观也因时而变，表现出进步的一面。作为封建时代的男性，他对女性则表现出尊重和欣赏的态度，在文章中对女性的书写对象和书写方法也发生了改变。虽然贺涛作为传统知识分子，最终目的是维护封建统治，提倡儒家的伦理道德，有其思想局限性，但是他的书写中，开始为社会普通女性叙写，而且着重展现女性个人特点。他的笔下，开始关注女性除了贤、孝之外的思想层面，打破传统对于女性的认知，从而塑造了一些全面鲜活、有胆有识、有智慧谋略的女性形象。

当然，对于贺涛的女性观，我们不能脱离当时的历史条件，完全以现代女性思想去衡量。只能说，作为一个传统的文人士大夫，他能以开明、积极的态度去关注、吸收西方近代进步的女性观，以此反思涉及女性身心、生活、家庭、社会地位等关涉伦理、习俗、制度的重要问题，确实较迂腐守旧的文人和大众有巨大的进步。虽然不如稍后接受过西式教育的留洋学者，然于当时社会仍占重要地位的士绅和文人阶层确有很大的影响力。

## 第二节 思维方式的转轨

思维方式即人们看待纷繁复杂的世界中各种问题时所呈现的思想方法。思维方式具有稳定性，但这种稳定性却是相对的，会随着人类社会实践的发展而不断变化。鸦片战争之后，"西学东渐"之势日盛。中国传统思维方式到了这一时期，也不得不做出改变，而这种变革首先始于中国近代一些思想较先进的知识分子在中西方思维方式碰撞之时深觉传统思维方式对于当时中国社会境况变化之无用而引发的批判，所以中国近代思维方式的变革首先表现在对传统思维方式的批判上[1]。从李鸿章为首的洋务派开展的洋务运动，到康梁为首的维新派引领的维新运动，再到陈李为首的激进派推动的新文化运动。面对国家危难，各个阶级都推动了救亡图存的运动，从学习器物到学习政治，再到学习思想，这些先进的知识分子在价值观变异的同时，其思维方式也处于悄然变化之中。儒学作为中国传统文化之显学，其所确立的思维方式对中国的知识分子产生了广泛而持久的影响。所以近代以来，广大学人对于传统思维方式的批判即是对儒学的批判，其结果是一方面使近代学人对传统思维方式有了进一步清楚的认识，另一方面便于西方科学思维方式的传入。

---

[1] 曾昭式:《西方逻辑东渐与中国近代思维方式的嬗变》，载《中国哲学史》2003年第2期。

## 第三章 燕赵地区家族教育的变革对文化转型的塑造

传统儒学思维方式,以把握事物整体性为目标,强调人与国家社会、人与家族家庭、人与人之间应该是一个和谐有机的整体,人们应树立以国家社会整体利益实现为目标的人生理想,这样的思维方式同时也压制了人的个性发展,扼杀了人的创造思维与能力的发展。[1] 随着西学传播范围愈加广泛也更具深度,诸学人对于西学的认识也更加清晰,而思维方式处于文化深层结构的核心位置,只有在充分了解西方文化的深层意蕴之后,才能认识到西方科学思维方式之于西方文化发展的重要价值,再将西方科学思维方式引入中国,试图改变人们的思想观念。当然,我们也要看到,中国传统思维方式历经千年到近代,并不是一文不值的,中西思维方式处于一个融合、交汇的过程之中。家族教育作为中国传统非正式教育制度的组成部分,它的改革势必会影响地区文化转型与发展,而思维方式便是其中重要的一环。教育改革首先会对族人的价值观、思维方式进行重塑,从而使其适应时代发展,以保证家族的经久不衰,再进一步影响整个地域。

### 一、由封闭单向性到开放多元性的转轨

器物层面的发展相较于思维层面的变革所需的时间要少得多,这并不是说物质的发展不如思维发展重要,恰恰相反,一个社会文明的进步,最先表现在物质与技术方面。就如当下所流行的互联网科技、电子支付、虚拟货币大大方便了人们的生

---

[1] 王忠阁、董传华:《明清之际近代思维方式浅议》,载《信阳师范学院学报(哲学社会科学版)》1987年第4期。

活，得到广大年轻人的青睐，但是在更广泛的农村区域，特别是对老年人群体来说，一年辛苦所得换回一沓沓厚重的现金，似乎比一串躺在手机里的数字感觉更为踏实，虽然它们是等价的。其背后原因就是，虽然科技短期内快速发展了，但人们的思维方式的转变似乎需要更长的时间。中国从建立封建王朝开始历经两千多年，对于富饶的家族来说，其思维方式是通过创办族学，期望家族子弟通过科举考试博取功名，从而保证家族经久不衰。而对于寻常百姓来说，其思维方式则是守住手里的几分田地，保障家人能有口饭吃，而这在封建社会往往也很难实现，贫家子弟想要考取功名往往要付出更多的艰辛努力。尽管两个阶层在生存条件上来说存在着差异，但就思维方式来说却都具有封闭单向性的特点，即人们的思维活动往往局限于固定的框架中、往往只选择一个视角去认识一个对象，缺乏与外界进行信息交流和接受新信息的主动性与积极性[1]。在小农经济条件下，人们都紧紧依附于土地之上，靠天吃饭，通过科举改变家族或者个人的命运，很少考虑其他生存方式，思维方式表现得非常单一，而这与价值观中的臣民意识也有相关之处，因为这种局面的产生主要应归根于封建王朝的高压政治与文化统治，这属于一种反创造性思维，严重束缚了人们的思维，阻碍了经济与科技的发展。近代以来，随着国门的洞开，人们渐渐有了接触新事物的机会，西方科学思维开始进入人们的视野。另外科举的废除，使中国人固有的生存思维消亡，人们不得不

---

[1] 李宗桂：《中国文化概论》，中山大学出版社1988年版，第296页。

## 第三章　燕赵地区家族教育的变革对文化转型的塑造

在新的时代环境下树立新的思维方式，同时思维方式也变得多元开放。通过翻阅燕赵地区诸多的家族史，我们可以发现，其思维方式的变化也是遵循着这一路径，并深刻影响着家族所在的广泛区域。

北店头贾氏家族从明初由山西洪洞迁来此地，家族一直重视教育，从第四世开始在族内开设文武两种学馆。文馆读的是孔孟之书，学的是识字作八股文；武馆学的是骑马、射箭、舞刀、耍枪，以应试比武为目标。两种学堂都是为求仕做官而设[1]。到乾隆时期，家族逐渐进入鼎盛时期，也陆续有族人考取功名在朝为官。可以看出家族始终把科举入仕作为家族生存发展的根本路径，而这种思维方式在阜平陈氏也有所体现。

阜平陈氏自明成化五年（1469年）由五台迁于阜平，家族历代重视教育，十一世嘉谟曾言："吾家世代以耕读为业，汝父尤重读书，汝可不耕，断不可不读。"[2] 可见教育在家族中的地位。通过查阅家谱，可以发现，陈氏十一世之前的家族成员确实躬亲实践、发展教育，论证了嘉谟的话。五世祖应龙为文庠生，持家之暇，唯以读书教子为事；六世祖善为恩贡生，在家族设家塾义学，并设学田，以专供延师膏火之资。此后家族贡生、庠生继出。阜平陈氏与北店头贾氏情况基本一致，在思维方式上都表现得非常的单一，耕读传家，以考取功名为最终目的，这与封闭的社会环境是息息相关的。近代以来，在新的时空背景下，家族进行了教育改革，北店头贾氏在贾裴卿的带

---

[1] 韩海山：《北店头贾氏族谱》，2008年续修版，第3页。
[2] 陈继瑄：《阜平陈氏宗谱》，民国二十四年（1935年）刻本，下卷，家传。

领下发展教育与开展实业,一方面由于科举的废除,家族不得不重新思考生存之路,原有的单一的依靠科举振兴家族的思维方式不得不做出改变。贾裴卿按照日本小学模式创办北店头小学,培养、改造了一批教师。学生也不仅限于族人,学校开设了音、体、美、劳等课程,重视爱国主义教育,大大提高了学生的思想觉悟[1]。家族教育改革不仅改变了学校的形式、教学内容,同时还将新思潮带到了这一地区,深刻影响了人们的思维方式。许多家庭积极送子女入学,学习的目的不再是为了科举考试,而是接受新式教育与各种新式思维。另一方面贾裴卿重视实业教育,大力发展实业。裴卿儿子树楠从父亲那里学到了实业救国的知识,把德国洋靛引进来,使得生产效益大大提升,新技术还传到了唐县的白合、军城、川里一带,拓展到阜平、曲阳、涞源等县。其影响范围广泛,改变了过去人们靠天吃饭,过分依赖土地的思维方式。受科举废除的影响,阜平陈氏在新的时间点上不得不改变旧的思维方式,从十四世开始,家族另谋生路,通过进入新式学校学习,改变了传统的生存思维,很多族众走上了教师的岗位,将新的思维方式传播到更广泛的地区,传播给更多的人。

## 二、以"道"为核心向关注现实生活的转向

"道"在《说文解字》中被译为"所行道也,一达谓之道",即人所行走的到达一定目标的道路。道在中国传统文化中

---

[1] 韩海山:《北店头贾氏族谱》,2008年续修版,第150页。

## 第三章 燕赵地区家族教育的变革对文化转型的塑造

有着至高的地位,道被划分为"天道"与"人道"。天道即由于宇宙日月星辰的运转所引发的昼夜、季节、气候等在内的自然界的一切事物与现象的变化节律,是世间万物运行变化的总规律;人道是人之所以为人的依据所在,它涉及人的自然本性、道德伦理规范、约束群体的典章制度等。[1] 可以看出,无论是天道还是人道,在本质上都强调一个整体性,道是宇宙这个整体运行的规律,人作为宇宙的一部分,也必然遵循这一规律。受此影响,中国传统思维发展为一种从整体出发的,以道为基础的直观思维,这种直观思维从事物与现象的整体入手进行思维考量,它可以帮助人们理解研究对象的整体,对于领会其中存在的各种联系有着积极意义,但是这种整体直观的方法是建立在"道"的基础之上,因而具有严重的局限性。当我们将这种思维方式应用于实践时,表现在主客体关系上是主体对于客体的认识在于感知与体悟,而不是清晰的逻辑分析。在"道"的范围之内时,整体直观思维有一定的可靠性,但一旦超出道的范围,它就会流入神秘主义或走向不可知论。因为这种整体直观思维缺乏明确清晰的概念,以及合理的逻辑演示,以这种思维方式去衡量事物,我们往往只能把握住事物的表象。所以这是一种笼统的带有模糊性的思维方式,应对其进行合理的改造[2]。这种思维方式对群体的影响主要表现为人们专注于虚无的空谈义理,崇尚静坐读书,道德原则处于现实生活之上,人

---

[1] 于述胜、于建福:《中国传统教育哲学》,江苏教育出版社1996年版,第146页。
[2] 李宗桂:《中国文化概论》,中山大学出版社1988年版,第300~301页。

们注重的不是客观世界，而是安身立命和治国平天下的道德信条与经世之学，从而忽视了真真切切存在的现实生活。近代以来，随着科举制度的废除以及西方科学实证主义的传入，原有的思维方式也在悄然发生变化。

原有的思维倾向，把人的思维局限在社会人生的范围之内，大大地限制了人们对自然现象的感悟和对社会具体事物的认识。在过去许多儒者也强调知行合一，但这种合一往往只停留在纸面上，并没有真的去践行。多数读书人费尽毕生心血去读书只是为了博取功名、光宗耀祖。这种脱离习行、迂腐不堪的封建科举制度使得广大读书人"圭撮于低头《四书》之上，一旦有大夫之忧，当报国之日，则蒙然张口，如坐云雾"[1]。这恰说明了科举的弊端，以及国人思维方式存在的缺陷。

向关注现实生活的思维转向表现在人们开始从现实出发，关注社会实际，而其核心则是实践。在这一点上，北店头贾氏在地方文化转型过程中起到了充分的引领作用。贾氏通过家族教育改革使族人以及区域内的民众开始切实关注现实生活，从辛亥革命开始，贾氏改革族学，创办新式学校、培养新式教师、开设新式课程，无论是办学形式还是学校课程都焕然一新。学校课程摆脱了过去的四书五经，新设音、体、美等课程，注重培养学生的审美情趣，注重爱国主义教育，[2]为日后北店头及整个唐县成为抗日根据地奠定了文化基础。学生将所学知识应

---

[1] 王忠阁、董传华：《明清之际近代思维方式浅议》，载《信阳师范学院学报（哲学社会科学版）》1987年第4期。

[2] 韩海山：《北店头贾氏族谱》，2008年续修版，第150页。

## 第三章　燕赵地区家族教育的变革对文化转型的塑造

用于社会实践，做到了真正的知行合一。贾裴卿通过赴日留学将所学所闻加以应用，除了上述的教育方面的改革，还带领族人改革生产方式，对北店头在内的广泛区域产生了深远影响。贾氏重视实业教育，大力发展实业，大大提高了生产效益。其改革成果的影响不仅止于唐县，还辐射到了阜平、曲阳、涞源等县在内的广泛区域，切实使人们开始关注现实生活。

关注现实的思维除了学以致用、知行合一外还表现为尊重科学。近代以来，随着"西学东渐"之风日盛，西方科学迅速涌入中国，无论是器物层面还是精神层面都受到巨大的冲击。从器物层面而言，各种新式机械、坚船利炮不断涌现；就精神层面而言，人们的价值观、思维方式都受到科学实证主义的影响而发生着变化。具体来说，西方天文学、地理学、医学、农学等科学逐渐进入中国，这其中既有原来中国处于空白的学科，也有中国原有的与西方科学进行结合的学科。近代以来，家族的教育改革也受到了这一趋势的影响。临榆田中玉改革族学，兴建多所新式中小学校，新式学校的课程包含了外国语、历史、地理、数学、博物、物理、化学、法制、经济、图画、手工、乐歌、体操等在内的诸多学科。我们从这些新式学校所设的课程可以看出，家族教育改革深受西方科学思维方式的影响，而这种尊重科学的态度也通过新式学校培养的新式人才传播到临榆及周边广泛地域。[1]

---

[1] 田中玉：《秦皇岛临榆田氏族谱》，民国十三年（1924年）刻本，卷三，第2页。

### 三、应时权变

要明白何谓应时权变,首先需要明白"权变"的涵义。在《说文解字》中,"权"的解释是"权,黄华木;从木,藋声;一曰反常"[1]。由于黄华木多用来制作秤砣,所以又被延伸为权衡之意。"变,更也"[2],故"权变"的意思是通权达变、随机应变,是权衡轻重缓急之后而采取变化的对策。因此,权变思维是指根据不同情况权衡利弊而采取灵活变通的思维形式。

燕赵地区应时权变的思维主要表现为民众跟随时代发展变革而采取灵活变通的策略。接下来,本书主要从教育目标和教育内容的确定来探析燕赵地区民众适时权变的思维。

其一,从教育目标来看。在中国古代,无论是读书做官还是教书谋生,儒家教育思想一直占据主导地位,而且作为中国传统教育基因重要组成部分的儒家教育思维方式也几乎成为每一个家族教育思维模式的内核因子,一直伴随着传统家族的教育发展过程,始终支配着家族的教育模式和教育观念。从教育目标来看,中国传统家族一直把耕读传家、登第登台鼎作为家族教育之主要目标,尤其是科举制度创建之后,封建统治阶级通过"仕"的诱饵使得民众一直坚守在耕与读两端,读书作官被看作是做人的本分,而且上升到教育目标的位置,甚至被写入族谱家训之中。如沧州南皮侯氏家规中云:"当务正业,人须

---

[1] (汉)许慎:《说文解字》,岳麓书社2006年版,第117页。
[2] (汉)许慎:《说文解字》,岳麓书社2006年版,第68页。

## 第三章　燕赵地区家族教育的变革对文化转型的塑造

各占一业：读书为上，农次之，工贾又次之。"[1] 再如，唐山丰润《毕氏宗谱》中《毕公裔家训》言："勤事业，凡四民各有其业，吾家族贻世业大都唯读书与耕两端而已。"[2] 在中国古代，"万般皆下品，唯有读书高"的思维模式早已在燕赵家族中留下深深的印记，而且将登科及第作为家族成员一生追求的目标。到了清朝末年，"两耳不闻窗外事，一心只读圣贤书"的教育思想才伴随着儒学统治地位的衰落而发生改变，与此同时，关乎家族未来发展前途的教育理想和教育目标也随之发生转变。尤其是科举制度废止之后，传统的"读书——科举——入仕"的教育目标彻底被动摇，士农工商四民不分、四业皆本的教育观念逐渐深入人心。当然，燕赵地区的家族也不例外，根据时代变革和自身发展需要，灵活变通传统的家族教育目标，士农工商皆本业的思想在家族教育中呈现出来，这充分体现出燕赵家族适时权变的思维。这一思维的转变在民国时期燕赵家族的家训中表现得尤为明显。衡水故城祕氏以"士农工商皆系本业"[3] 为家训，沧州青县金氏宗族劝导族人子弟"无论士农工商，各有专业，不可游手好闲，败坏产业"[4]；唐山丰润毕氏宗族告诫子孙"为人立业，莫先于耕读两途，可以使祖父不失

---

[1] 冯尔康主编：《清代宗族史料选辑（下）》，天津古籍出版社2014年版，第1756页。
[2] 冯尔康主编：《清代宗族史料选辑（下）》，天津古籍出版社2014年版，第1757页。
[3] 冯尔康主编：《清代宗族史料选辑（中）》，天津古籍出版社2014年版，第1393页。
[4] 于秀萍、刘月霞：《明清以来华北家谱中的家训资料辑录》，团结出版社2017年版，第192页。

## 燕赵地区家族教育的变革与近代文化转型

其贻谋,子孙不沦于困辱;至于工商之业,亦可资生,纺绩之事更为内助"[1];沧县孟村张氏宗族劝导子孙,"吾族子弟明敏者令其读书,以图上进;鲁钝者令其力田,以便持家;若无田可耕,令其学工作商,以其仍居四民之列"[2]。由此可见,燕赵民众传统耕读传家的目标已经跟随时代之变革悄然发生了改变,从耕读两端转为士农工商皆本业,这一目标的转变也正是燕赵民众适应时代变革的突出表现。

此外,目标的转变导致家族人才结构的变化,继而使得家族成员职业结构也发生了变化。自科举制度废除之后,传统家族在目标上做出了明显变更,那些曾经鄙视从商入伍的态度发生了显著的转变,从事商业和革命事业的人数增多,而且很多族人很愿意通过学习专门的商业知识和军事知识来服务社会。

从商业领域来讲,中国近现代商品经济逐步发展,再加上国家商业政策上的支持,燕赵家族中从商的族人日益增多,与之相应的家族目标也发生了变化。如唐山乐亭的刘家和武百祥摆脱传统的应试科举的目标,创建商号,建立私立学校,为商业发展培养储备人才。刘家于清朝宣统年间创办的刘氏私立初、高两等小学校在后期设立了商业班,教授商业地理、尺牍、珠算以及商业道德等科目,并且直接说明这一班级的核心目标是培养商业人才。武百祥创办百善学校也是为了培养商业人才。再如,秦皇岛临榆田氏族人田中玉创建田氏私立学校,除了教

---

[1] 冯尔康主编:《清代宗族史料选辑(下)》,天津古籍出版社2014年版,第1757页。
[2] 冯尔康主编:《清代宗族史料选辑(下)》,天津古籍出版社2014年版,第1515页。

## 第三章 燕赵地区家族教育的变革对文化转型的塑造

授日常文化知识之外，还教导子孙学习商业文化知识，加授商科、要项、簿记、速记、打字、商业常识、商业尺牍等课程，以此满足家族商业发展的需要。无论是家族创办的新式学校，还是设立的商业班，都凸显了燕赵民众传统思维的转变。

从军事领域来讲，近现代的中国面临着一个动荡不安、内外交困的局面，促使思想层面产生了军国民主义的教育思潮，而且这一思潮对学校教育和家族教育产生了深刻的影响。从家族教育层面来看，很多家族将读书入仕的传统目标转移到参加革命、救亡图存上来，燕赵家族也不例外。燕赵地区的许多族人子弟积极报考军事学校、参加革命，这充分体现了燕赵民众适时权变的思维。如秦皇岛临榆田中玉之先母转变以往入仕为官的传统教育目标，督促儿子田中玉入军事学校学习军事知识。再如，晚清时期科举废止，邢台宁晋郑氏族人劝导子孙弃笔从戎，积极投身于革命事业，其中十五世郑俊彦、郑俊才、郑俊仪、郑俊海、郑俊洲等族人进入军事学校学习，并且勋绩卓越。郑俊彦曾任五省联军副司令，兼第二方面军军长等职，郑俊才曾充第三师副官参谋、学兵教官、第七师少校参谋等职，郑俊仪曾任陆军步兵少校前安徽督办署少校副官，郑俊海曾充陆军第十师排长、上尉副官等职，郑俊洲曾充联军总司令部军官团学员卫队团排长、三十四军政治部上尉科员等职。[1]

由以上史料可知，近现代燕赵民众的多元化目标和多样性就业途径彰显出了其在时代变革中所做出的适应性调整，这不

---

[1] 郑凌霄：《邢台宁晋郑氏族谱》，民国十九年（1930年）刻本，卷七，第34~37页。

仅仅是民众适应社会变革的一种策略和智慧,也是适时权变思维的明显表征。

其二,从教育内容来看。中国古代封建社会时期,儒家伦理教育思想一直占据统治地位,再加上科举考试制度的确立,使得中国传统家族教育形成了以儒家伦理思想为核心的道德教育和以应试科举为中心的文化教育两者相结合的传统教育特点。到了中国近现代,尤其是民国时期,伴随西方教育思想的传入和家族价值观的转变,燕赵民众在教育内容方面做出了一定的调整和变动,在传统"之乎者也"教育的基础之上增加了西方教育中的实用性课程,构建了中西结合的文化教育体系。如秦皇岛临榆田氏创立的私立国民小学校主要教授"修身、国文、读经、习字、算术、体操、唱歌、手工"[1]八门课程,田氏私立中学校课程主要包含"修身、外国语、历史、地理、数学、博物、物理、化学、法制、经济、图书、手工、乐歌、体操"[2],此外还加授商科、要项、簿记、方用文等科目。到了民国十一年(1922年),国民政府颁布《学校系统改革令》,全国各中小学实行"六三三"学制,田氏私立中学校亦跟随学制要求进行调整,将招收的学生分初级中学生和高级中学生之别,学制各三年。此外,在教育课程上,田氏私立中学校还跟随三民主义要旨增设了"党义"课,并且将学校课程调整为党义、国文、外国语、历史、地理、数学、自然、博物、物理、化学、

---

[1] 田中玉:《秦皇岛临榆田氏族谱》,民国十三年(1924年)刻本,卷五,第5页。

[2] 田中玉:《秦皇岛临榆田氏族谱》,民国十三年(1924年)刻本,卷五,第13页。

法制、经济、心理、社会学、论理、图书、手工、乐歌、体操。由此可见，燕赵家族在教育内容上虽然仍以修身、国文、读经等传统课程为主，但确实是增加了一些西方的实用性课程以及体操、手工等操作性课程，从这一角度来看，确实彰显出了近现代燕赵民众适时权变的思维。

总而言之，燕赵民众在继承中国传统教育的基础上，实现了自身的突破与超越，而且这种超越是具有时代先进性的，主要体现在目标的多元化和西方教育课程的引入上。燕赵民众教育目标和教育内容的变化充分体现出适时权变的思维，也正是这一思维的转变才促使燕赵民众在传承中国传统教育的同时实现了自身的变革与转型。

## 第三节 行为方式的转移

纵观历史发展的脉络，我们可以断言，近代以来燕赵地区各家族通过家族教育改革塑造了新的行为方式，并通过各种途径将新的行为方式传播到家族所在的广泛区域，对近代文化转型产生了直接或间接的影响。其首先体现在人们逐渐改变了过去中庸、温和的处世之道，学会了尚力与竞争。

### 一、从信奉中庸到崇尚力量与竞争

传统行为方式使人们在为人处世方面讲究"中庸之道"，而孔子更是把"中庸"作为最高的道德准则，其核心在于杜绝一切过激行为,以恰到好处为处事基准。儒家所提出的"温良恭俭让"的美德也成为千百年来人们所提倡的待人接物的准则,懂得谦让似乎是刻在中国人骨子里的基因。在这种行为方式的指导下,人们奉行的是非功利主义价值观,对于相互竞争追逐蝇头小利的人会嗤之以鼻,使个体缺乏应有的活力,使整个民族缺乏冒险进取的精神。深受中国传统文化浸染的燕赵地区,也是如此。到了近代,面对西方列强侵、中国急需救亡的局面,燕赵家族将崇尚武力、竞争、冒险等观念渗透在其教育中,使族众颇具中庸色彩的行为方式得到极大改观,并深刻影响了所在地区民众的行为方式。在这一点上,我们从北店头贾氏家族身上,看得非常明显。

北店头贾氏家族所在的唐县曾是全国及国际皮毛行业注目的一个焦点区域。它的皮毛业经营范围甚广,不仅覆盖华北地区,甚至远达乌鲁木齐、青海、包头等地。遍及大半个中国的皮毛产品多集中在唐县,由皮毛商整装出口,或分销全国各地[1]。当时的北店头可谓是日进斗金,十分兴旺,最盛时发展到三十多家皮庄。如此兴盛的生意,各皮庄之间存在着激烈的竞争是不言而喻的。北店头的贾氏族众不但没有畏难,反而迎难而上,在激烈的竞争中做出了不凡的业绩。在20世纪30年代,唐县从事皮毛行业最优秀者当属贾广和。他自幼在唐县学徒,练就一手好本领,闭上双眼以手摸皮,即能知其品种、级别,还能知道是什么季节产的。另有贾凤云、贾太和也是有名

---

[1] 贾泉河:《泉河文集》,中国和平出版社2005年版,第128页。

第三章 燕赵地区家族教育的变革对文化转型的塑造

的行家。这使得北店头贾氏族众成为唐县皮行的风云人物。到了20世纪初期，唐县作为经营皮毛的市场，也成为帝国主义掠夺我国资源的场所。外国的洋行不仅在这里有代理商，还有外商常驻这里。虽然那时的唐县皮毛行业仍处于组织形式封建、经营手段落后这样的水平，要与国际上的商人争利，异常艰难，但以贾氏家族的商人为首的唐县商人，为了自身的生存、国家的利权，同帝国主义国家的商人开展激烈竞争，取得了一定的业绩。

## 二、婚丧礼俗的改变

以往的婚姻讲究门当户对，多是父母之命、媒妁之言，不仅仅是双方男女的事情，更是两个家族的结合。到了清末民初时期，伴随着时代之变革，新式婚礼开始逐渐浮出水面，融入了近代文明的气息。在婚姻观念上人们开始追求婚姻自由。"从一而终"的观念开始为人们所抛弃："民国婚礼，不由父母之命，男女自行择婚，谓之自由结婚。"[1]可见，到了民国时期的婚姻，主要是遵循"自由"的原则。与之相伴而来的便是离婚"自由"，以致出现了"自男女自由结婚之风一开，沟壑苟离者，腼不为怪。报纸载：某年夫妇离婚者至两万余人。其私行离异不由官断者，尚不在数"[2]的状况。另外，在《成安县

---

[1]《集成》编辑工作委员会：《中国地方志集成·河北府县志辑37：乾隆直隶洲志-民国新城县志》，上海书店、巴蜀书社、江苏古籍出版社1996年版，第570页。

[2] 丁世良、赵放主编：《中国地方志民俗资料汇编·华北卷》，书目文献出版社1989年版，第330~331页。

志》中也有这样的记载:"近年以来,离婚之讼,日有所闻,岂细故哉。"[1]由此可见,在当时,离婚现象已经相当普遍,人们已不以此事为奇。

在婚礼仪式中,更是出现了主婚人、介绍人、证婚人等角色。从婚礼仪式到参礼人来看,可知在新式婚礼中融合了西方婚礼的特点。与以往旧式婚礼而言,民国时期的婚礼则是"多趋简约,旧礼已不适用,改用新礼,所谓文明结婚是也"[2]。当然,这一新式婚礼在其他地区也有出现,可见婚礼的改进趋势已经是不可扭转的。如《民国万全县志》中对婚礼有这样的记载:

入民国后,政体改革,社会进步,繁琐之礼节已不适用,多趋简约。在闭塞之区,礼虽仍旧,亦渐知改革。至城镇比较开通之地,则完全改为新礼。其仪式与礼制馆所拟之婚礼草案略有出入,所谓文明结婚者是也,亦有新旧仪式参用者。总之,比较旧礼已进步多矣。将来如对婚姻制度及择配标准、求婚方法等问题再加改进,则国家社会良有裨益也。[3]

除了地方婚礼发生较大的变革外,地方丧礼也有些许的变化,但是仍基本沿袭旧时代的习俗。比如在《民国万全县志》

---

〔1〕丁世良、赵放主编:《中国地方志民俗资料汇编·华北卷》,书目文献出版社1989年版,第334页。

〔2〕《集成》编辑工作委员会:《中国地方志集成·河北府县志辑13:光绪蔚洲志-民国张北县志》,上海书店、巴蜀书社、江苏古籍出版社1996年版,第449页。

〔3〕《集成》编辑工作委员会:《中国地方志集成·河北府县志辑15:民国阳原县志-民国万全县志-民国隆化县志》,上海书店、巴蜀书社、江苏古籍出版社1996年版,第339页。

第三章 燕赵地区家族教育的变革对文化转型的塑造

中记载,民国时期的丧礼仍然是"丧礼最繁琐习俗,多尚厚葬,然尤以父母之丧为甚,以为不如此不足以表示孝也。至中资以下者亦行之唯谨,虽葬费无着以至售产借债,亦不能从俭也,非贫至家徒四壁、穷无立锥之地者,不能薄葬也。至礼节与古礼虽不尽合,然蛛丝马迹仍不能脱古礼之范围也。今社会进化趋重实际,以旧丧礼之繁杂虚伪迷信以及不经济耗光阴深与时代不合,亟应加以改革,况总理民生主意,本拟有养老送终之章,不幸稿未竟而逝,其关系国家社会者,诚非浅鲜,吾人对此,幸勿忽焉"[1]。

可见,旧时代的丧礼多体现为"孝道",尚厚葬,以此表示对亲人的行孝之道,在形式上面更是充满封建迷信色彩。当然,随着时代之进步,丧礼也不可能是一成不变的,如简化丧礼中的一些繁项仪节、缩减服丧时间等。如在新城县,出现了这样的状况:"民国丧礼,改三年之丧为二十七日,官不解职,士不辍考。自父母殁以至除服,凡先圣、帝王所定一切之礼,悉废不用,此四千余年一大变也。"[2]

### 三、服饰的变化

在家族教育的影响下,燕赵地区民众的服饰发生了很大变

---

[1]《集成》编辑工作委员会:《中国地方志集成·河北府县志辑15:民国阳原县志-民国万全县志-民国隆化县志》,上海书店、巴蜀书社、江苏古籍出版社1996年版,第339页。

[2]《集成》编辑工作委员会:《中国地方志集成·河北府县志辑37:乾隆直隶洲志-民国新城县志》,上海书店、巴蜀书社、江苏古籍出版社1996年版,第571页。

化。西方服饰文化为人们接受,与传统服饰文化融合,逐渐形成了代表这一新时代燕赵人群的服饰风格。如在《磁县县志》中就曾这样描述:"女子皆穿短衣,一裤一衫,冬则袄外尚套一单褂。富者探亲时,下更扎裙子,虽扎短衣,务求宽大肥裕。"[1]于是,穿洋装、买洋布开始得到有钱人的偏爱,"富户多购用各色洋布,且间有著洋服革履者"。[2]

另外,男子蓄发的陋习也被革除。对于男子蓄发,国民政府虽颁令禁止,视为陋习,但各县多对此敷衍塞责,极为消极。唐山玉田的孙奂仑在任职河北省民政厅厅长之时,对此十分不满。他根据《禁止男子蓄发、女子缠足条例》派出男女检查员,对各地实行检查,并把蓄发缠足的利害编成白话文布告.到处张贴,以期唤醒民众,自行革除陋习。经过一段努力,全省十分之七、八的女子均已放足,男子发辫也大部分剪掉。在孙奂仑任职的两年多时间,河北省共剪发114万人,放足349万人,基本革除了此项陋习。[3]

---

[1] 丁世良、赵放主编:《中国地方志民俗资料汇编·华北卷》,书目文献出版社1989年版,第461页。

[2] 丁世良、赵放主编:《中国地方志民俗资料汇编·华北卷》,书目文献出版社1989年版,第493~494页。

[3] 孙奂仑:《唐山玉田孙氏家谱》,民国十四年(1925年)刻本,序言。

# 第四章
# 燕赵地区家族教育的变革对文化转型发生影响的通道

## 第一节 家族的整体文化示范

家族对地域文化的塑造有着不可忽视的影响,特别是作为名门望族对地方文化会产生极强的影响力。作为地方文化权力的掌握者,他们是地域文化建设中的主力军,塑造了该地域丰富且独特的文化形态。一个家族成为名门望族的重要路径就是家族教育,这与科举制度是息息相关的,族人通过科考博取功名以走上仕途,从而壮大家族势力。当一个家族兴旺之时,该地域中的其他家族或个人必然会视其为榜样而加以借鉴与效仿,因而该家族的教育理念、办学形式、教育内容与方法等势必会成为该地域的模范,家族教育中所倡导的价值取向、思维方式、道德规范也会随着该家族的兴旺影响整个区域。这就是家族的文化示范作用。

文化示范的前提是构建自身文化,这一时期家族通过家族教育改革,塑造了不同于以往家族的文化实体,而这个实体是时代发展的产物,代表了时势所向,所以具有极强的示范性力量。其自身优越性使得这股力量迅速传播到整个地域,并让受众者产生文化身份与文化心理上的认同。这属于一种"构建-示范-认同"模式。在燕赵地区的不少家族与区域的关系形态中,我们不难看到这一点。

北店头贾氏家族在近代家族教育改革过程之中构建了具有鲜明时代特色的文化图景,对于唐县地区的地域文化转型产生了深远的影响。贾氏的家族教育改革大致经历了三个阶段,第一阶段为辛亥革命前后。科举废除之后,面对家族如何中兴的问题,第一个站出来的是张春云女士。鸦片战争后,帝国主义与封建主义两座大山对于家族的经济摧残、政治欺凌,使家族原有的手工业、养蚕业、纺织业几乎都被摧垮。在这种形势之下,这个大家族似乎走到了败落的边缘。张春云女士接管家族后,严格教育子女,亲身劳作,接受现代教育,接受新的科学观念,从而使濒临没落的家庭以新的面貌兴旺起来。[1] 这一时期,家族教育在形式上虽然未发生实质性改变,但正因为张春云女士的努力,使家族以及家族教育没有被历史洪流所淹没,并为下一阶段族中教育改革奠定了基础。辛亥革命结束后,帝制被废除,新思潮迅速涌入,这一区域的封建势力受到了很大的冲击,并出现了一系列的革新活动,其重要的推动者便是贾裴卿。他留学日本回国后,带头改革、改良。当时流传着一句口头禅"中华民国大改良,拆了大寺盖学堂",连讨饭的花子也

---

[1] 韩海山:《北店头贾氏族谱》,2008年续修版,第150页。

## 第四章 燕赵地区家族教育的变革对文化转型发生影响的通道

打着扇子骨唱起这段民谣。贾裴卿也是这一潮流的应和者。他亲手拉倒香山寺的大佛，拆其砖瓦木料盖了新学堂。[1] 在反封建口号下，贾裴卿在全县推行国民教育，举办唐县师范讲习所，培养了一批新式教师，其中包括贾树萱、贾庭三、贾金铮在内的许多贾氏族人。他以日本小学模式为基础，创办了在形式、课程、管理等方面区别于传统的新式学校。[2] 这一时期该地域出现了上洋学的热潮，有很多在外上大学、中学、技校和师范的学生。自此，我们可以看出，由贾裴卿所引领的贾氏家族教育改革，影响范围不仅包含贾氏家族所在的北店头村，更是覆盖了整个唐县地区。另据对"燮公贾府君墓志"碑考证发现，该墓志不仅记载了以上关于贾裴卿的教育改革实践，更评价他的教育改革推动了全省的教育改良。其由家族教育改革所产生的示范效应不言而喻。文化教育改革也带动了生产的发展，新思潮使这一区域较早进行了农业技术改造，出现了现代水利技术设施。第二阶段为五四运动之后，这一阶段的示范作用主要体现在反封建习俗方面。受新思潮与爱国主义思想的影响，贾氏族人关心时事，族人中的男人剪辫、女人放足在当地是最早的。女子小学堂的建立，为妇女解放创造了条件。女子入学虽未普及，但上学人数不少。在贾氏家族的影响下，该县一些富户还将女孩送到县城及省城上高小及中学、师范。由于民众文化素质提高，唐县地区家族观念也逐渐淡化，废除了春节时的拜年旧习，在敬神方面也逐渐淡薄起来，落后的会道门也发展

---

[1] 贾泉河：《泉河文集》，中国和平出版社2005年版，第30页。
[2] 韩海山：《北店头贾氏族谱》，2008年续修版，第150页。

不起来，就连女孩子在绣花时，也都在钱袋和枕头上绣上"研究改良""自由民主"等政治口号。这充分显示了新思潮对旧民俗的改造。[1] 当然，这一切都离不开家族教育改革所产生的动力。爱国主义思潮的发展给后来在抗日战争中该村树立起唐县第一面抗日的旗帜和建成巩固的抗日堡垒打下了基础。第三阶段是在抗日战争时期，这一时期北店头是唐县的政治军事、文化中心，是晋察冀边区的东大门，始终屹立在晋察冀边区的东方前哨，成为军事重镇。唐县的抗日中心设在北店头村有三个有利条件：首先是该村经济条件好，特别是有的大户很开明，能自愿出钱、出粮、出房子，为新成立的抗日组织提供了经济基础。其次是地理条件好，地处浅山区，背靠太行深山，东、南边是大平原，进军可以杀敌，退守有余地。再次是北店头村村民抗日热情高，集体精神强，这是多年来形成的思想基础。[2] 在笔者看来，其关键因素的是最后一点，因为再好的天时、地利条件，如果人民不配合、不响应也无法实现目标。而贾氏族人在这一过程之中也真正起到了带头抗日、爱国示范的作用。贾炳南担任第一任抗日村长，成天跑前跑后。贾庭三、贾凯等人每天为外地来参加工作的人安排吃住。张春云让出最好的房子并把臧伯平的家属也接到自己家中以保安全，大到房屋、钱粮，小到办公室桌椅、被褥，声明缺什么，只要家中有的尽管来拿，[3] 这完全是一种毁家纾难，抗日到底的精神品

---

[1] 贾泉河：《泉河文集》，中国和平出版社2005年版，第33~34页。
[2] 贾泉河：《泉河文集》，中国和平出版社2005年版，第38页。
[3] 贾泉河：《泉河文集》，中国和平出版社2005年版，第38~39页。

## 第四章 燕赵地区家族教育的变革对文化转型发生影响的通道

格。另外我们从当时的一些抗日群众团体的组织状况中也可以发现贾氏对于抗战所起到的示范作用。在工人抗日救国会，贾樟、贾桂新担任主任；在农民抗日救国会，贾福其、贾全立担任主任；在青年抗日救国会，贾法曾、贾进国担任主任；在妇女抗日救国会，贾黑丫担任主任；在青年抗日先锋队，贾盛堂担任队长。[1] 由此可见，贾氏族人对于唐县地区的抗日活动真正起到了支持、引领的作用。1945年抗战胜利，北店头人度过了艰难的八年，以自己的血肉之躯为中华民族的解放事业作出了巨大贡献。贾氏顽强不屈、忠贞勤奋的品格值得赞扬。而这一切成果的取得离不开最初的家族教育改革。正是因为家族教育改革，使族人有了接受新式教育的机会，通过教育改革，家族发展实业教育，推动生产方式的变革，经济得到了发展。通过在族学教育中引入新思潮，人们的思想得到了解放，爱国精神也在新的时代背景中孕育，为燕赵文化中所蕴含的爱国精神增添了新的内涵。这正是前文我们所提到的文化"构建－示范－认同"模式，贾氏在不同时期通过教育革新，形成特有的文化图景，为唐县乃至全省树立了榜样示范。

家族的文化示范作用在阜平陈氏家族身上也有体现。在近代家族教育改革之前，陈氏这种文化示范作用已经体现。十三世陈之纲聪明颖悟，孝友性成。平日以敦宗族、睦乡里为心，凡族人有事必亲赴襄谋一切，遇极贫者必提倡出资、出力以成其事，视合族如一家。至今遗风犹存，乡人多效之。中年因务

---

[1] 贾泉河：《泉河文集》，中国和平出版社2005年版，第42页。

举业未就,"遂自立私塾曰稽古书屋,专心教授后人,远近来学者逐年增多,循循善诱无倦容"[1]。自此可见,无论是其为人,还是其办学宗旨,都孕育着对整个地域的影响与示范的潜能。十三世陈之经一生好学,设立家塾教授有方,本镇有育才书院乃东五社拔取人才之所,内有房屋三十余间,年久坍塌,乏款修补,之经揭资重修以维持,后来陈之经首倡将育才书院改建为蒙养学堂四所,以满足更多人的需求。本镇有当铺一所,对于贫穷人士周转资金大有裨益。后忽然歇业,穷人经济困难若无所依,之经竭力集股开张,以救穷人之急。[2] 科举制度废除之后,家族原有的教育形式、教学内容顺应时势而发生改变,但家族的文化示范作用仍得以延续下来。从十四世开始,陈氏家族在"西学东渐"与清廷制度变革双重影响之下,逐渐接受新式教育,科举的废除也让陈氏重新考虑家族生存之路。但对于教育,陈氏家族不敢有丝毫的懈怠。陈氏子孙开始走进新式学校,接受新式教育。而这一时期家族的文化示范主要是通过家族成员所从事的工作实现的。我们知道一个家族要对该地域产生示范榜样作用,最主要的因素是"人"。从十四世开始,陈氏家族成员从新式学校毕业之后主要进入两个领域任职,一是进入学校担任教员,二是进入军队担任军职,而以前者比重居大。陈氏成员从事教育行业人数之多,分布地域之广都是罕见的,具体情况我们会在后文详述。这样一来,通过家族教育改革,陈氏族众得以接受新式教育,获得有别于传统且更为丰富

[1] 陈继瑄:《阜平陈氏宗谱》,民国二十四年(1935年)刻本,下卷,家传。
[2] 陈继瑄:《阜平陈氏宗谱》,民国二十四年(1935年)刻本,下卷,家传。

第四章 燕赵地区家族教育的变革对文化转型发生影响的通道

的、由价值观念、思维方式、情感体验等所构成的新的文化图景，并通过所从事教育事业，将所获得的这些新的文化图景传授于家族外的整个地域，宗族的文化示范效应可谓水到渠成。

临榆田氏七世中玉在任山东督军兼省长之时，不忘先人之遗训，在临榆先后创设田氏第一私立初级小学到田氏第八私立小学校在内的八所田氏私立国民小学校，以及田氏私立中学校、田氏中学预备班、田氏私立中学初级女子中学部在内的几所田氏私立中学校。这些新式学校不仅在办学形式上与西式教育机构完美融合，在学校运行机制、管理规则等方面更是凸显了其新式化的特点。[1] 在招生方面，无论是小学校还是中学校，所招学生不仅限于本族成员，而是对于籍贯隶属于本县之寒家子弟无力出资者，无论汉满回族一律考收。另外，除应用书籍、笔墨纸张、操衣等须学生自备外，学校不收取学生学费。[2] 这样一来，本地域内的学生都有机会进入到新式学校里学习。田氏家族所构建的文化图景，遂在本地域树立起良好的榜样示范，得以传播开来。

## 第二节 家族成员与官员的交往

官员对于地方发展起着引领作用，特别是有作为的地方官，

---

[1] 田中玉：《秦皇岛临榆田氏族谱》，民国十三年（1924年）刻本，卷一，第6页。

[2] 田中玉：《秦皇岛临榆田氏族谱》，民国十三年（1924年）刻本，卷一，第2页。

更可以通过良性的引导作用造福一方黎民百姓。家族作为社会基本的组成单位,其发展自然也离不开地方官员的引领。近代以来,在文化转型中,地方官员可以说是一个地区文化转型的舵手,同时,家族人才也是家族教育改革的策划者。由于两件事情在时间上的重叠,所以,家族成员必然会与当地官员在各方面产生互动、沟通。地方官员所奉行的文化转型政策、主张必然会影响家族教育改革的方向,而家族教育通过改革所造就的人才也会对地方官员的政策、地方文化生态产生深远影响。

我们在北店头贾氏族谱中了解到,贾裴卿所创办的新式学校,非常重视爱国主义教育,宣传抗日,大大提高了学生及族人的思想觉悟,为贾氏族人积极参加革新活动,成批投入抗日救亡运动打下了思想和文化基础。[1]张春云即是在耳濡目染之下在心中埋下了抗日救国的种子。抗战开始后,八路军干部分头开展抗日宣传,发动群众。留在唐县的是一连连长李金才,他听唐县早期共产党员么砚魁介绍,北店头有个支持抗日的老太太张春云,于是亲自登门拜访,张春云非常激动。李金才给张春云讲述了日军侵占中国,在中国的国土上烧杀抢掠、无恶不作的情形。并对张春云说,日本如果把中国变成殖民地,我们就当了亡国奴,所以我们必须团结一致,共同对敌,有钱出钱,有力出力。[2]李金才的启发,使张春云抗日救国的思想更加坚定,这也成为其走上革命道路的重要契机。自此以后,张

---

[1] 韩海山:《北店头贾氏族谱》,2008年续修版,第150页。

[2] 贾曼鸥:《我的祖母张春云》,保定延安精神研究会2002年编印,第17页。

## 第四章　燕赵地区家族教育的变革对文化转型发生影响的通道

春云积极为部队捐赠枪支弹药,并让自己家的工人跟随部队参加抗日,李连长非常感动。后来随着队伍的壮大,粮食供应面临问题,因当时部队军费还需要募捐,于是李金才又来到张春云家,说明部队面临的困境。张春云听说新组建的抗日部队缺粮食,立即打开自己的粮仓,对李金才说:这是这几年积存的一百多石谷子,你们拿去吃吧。李连长被张春云的这种抗日热情和慷慨解囊的举动感动得不知说什么好,一再表示感谢。张春云则说,国难当头,人人有责,这粮食不给义勇军吃,难道还留给日本人吗?[1]张春云的这番话给李金才留下了极为深刻的印象,更加坚定了他依靠人民群众抗日的信念。

臧伯平曾任唐县第一任县委书记,八路军未到唐县之前,在臧本忠[2]的陪同下来到贾家,向张春云讲述了部队在抗日前线,英勇杀敌,保卫国家的英勇事迹。张春云听了臧伯平的讲述,心情既沉郁又振奋,她懂得了只有奋起抗战,才不会当亡国奴。为了建立人民抗日救国武装组织,臧伯平做了大量的筹备工作,他发动群众、组织群众,很快唐县人民抗日救国武装自卫委员会在北店头村隆重成立,张春云以高度热情迎接这一新生的抗日组织,腾出家里四十多间房子供委员会使用。当时自卫会领导在其家办公,张春云对他们关怀备至,全力支持他们的工作,因此臧伯平很受感动,直到新中国成立后,臧伯平

---

[1] 贾曼鸥:《我的祖母张春云》,保定延安精神研究会2002年编印,第28页。

[2] 臧本忠是《我的祖母张春云》的作者贾曼鸥的四姑父,当时其正在天津北洋工艺学堂化工系上大学,后任晋察冀军区化工研究所技师,兼任化工工厂厂长。

还经常到北店头看望张春云老人家。[1] 后来随着根据地的扩大，唐县民主政府成立。政府刚刚成立，暂时没有经费来源，张春云马上拿出 700 块大洋，送给政府，做临时政府的经费。后来县政府有了财政经费，想要归还，张春云坚决不收。直到现在，唐县第一任县委书记臧伯平、第一任县长张林池和继任县长陈舜玉还念念不忘她对抗日的无私支援，对她那无比高涨的抗日热情给予了很高的评价。[2] 臧伯平在追念为抗日战争做出伟大贡献的北店头村时记述：唐县县委和县政府的机关分散住在各个抗日群众的家中，我当时担任唐县县委书记，我的办公地点和住处在贾泉河（张春云之子）同志的家中，贾泉河同志的母亲是一位热爱祖国、积极抗日、坚决奉行抗日救国统一战线的开明女士，所以我们住在她的家里，一切生活所需她都热情供应，我们受到她诚挚的招待，她还把贾泉河同志托付给我们，要他在县委的指导下积极学习和进行抗日活动。[3]

在国破家亡之际，张春云选择了参加革命，抗日救国。老红军李金才的指教和地方干部臧伯平的开导，使张春云心上燃起了一盏希望的明灯，同时也给她指明了今后的路该如何走下去[4]。与此同时张春云这种毁家纾难、抗日到底的精神品质也

---

[1] 贾曼鸥：《我的祖母张春云》，保定延安精神研究会 2002 年编印，第 31 页。

[2] 贾曼鸥：《我的祖母张春云》，保定延安精神研究会 2002 年编印，第 34 页。

[3] 韩海山：《北店头贾氏族谱》，2008 年续修版，第 413 页。

[4] 贾曼鸥：《我的祖母张春云》，保定延安精神研究会 2002 年编印，第 19 页。

## 第四章　燕赵地区家族教育的变革对文化转型发生影响的通道

对地方官员的精神品质起到了重大的塑造作用,使这些干部更加坚定了依靠人民群众来抗日、始终坚持抗日民族统一战线政策的信念。

在武强贺氏家族中,我们也可以看到同样的情形。

光绪十二年(1886年)贺涛与徐世昌两人同应会试,双双高中,同年成为进士,自此两人同在京师为官,相交甚密。徐世昌喜好古文,其外祖父是刘大櫆后人,与桐城派渊源颇深。贺涛古文师事吴汝纶、张裕钊,于古文方面造诣甚高,因此,徐世昌对贺涛非常推崇,曾多次对人言"贺松坡,余从之学文"[1]之语。徐世昌在编纂的《明清八家文钞》中,将贺涛作为第八位大家,认为贺涛是堪与姚鼐、吴汝纶、张裕钊等比肩的伟大人物。徐世昌曾在《跋贺松坡遗像》中回忆两人交往探讨文事的美好经历:"时时访其论文,日移晷不能去。又时有文酒之会,纵论古文事不相下。忽忽岁月,皆少年气盛时事也。其后失明,亦时来余舍,仍朝夕论学不稍辍。"[2]《韬养斋日记》[3]中也有许多与贺涛相关的记录,贺涛亦称赞徐世昌个性淡泊,不汲汲于名利,喜读圣贤书,谈论皆身心学问之事。

因为二人相知甚深,1906年春,经徐世昌的邀请,贺涛前往徐氏家宅正式就馆,徐氏政务之暇则与贺涛谈诗论文,切磋学问,也时常谈论政务和时局方面的事情。除此之外,徐世昌

---

[1]　贺葆真:《贺葆真日记》,徐雁平整理,凤凰出版社2014年版,第392页。
[2]　徐世昌:《退耕堂题跋》,退耕堂民国二十年(1931年)刻本,第8页。
[3]　《韬养斋日记》系徐世昌自光绪十一年(1885年,31岁)迄于民国二十八年(1939年)五月去世前一月间的日记,内容非常丰富,史料价值极高。中华书局已于2005年以《徐世昌日记》为题出版。

还把他当时正在续修的徐氏族谱稿本拿给贺涛审阅,并嘱托他进行修订、刊正。《寿岂堂徐氏家谱》于清道光元年(1821年)开始撰修,纂修者为五世徐炘(字吟香,号晴圃),至光绪元年(1875年),徐炘之子徐埕再行续补,至徐世昌又进行第三次修补并准备刊印行世。贺涛在完成徐氏族谱的订正工作之时,触动自己长时间以来的胸中所感,一并发而为文,并书于徐氏族谱之后。贺涛认为,一些达官贵人志得意满,自我感觉良好,故往往会鄙薄祖先的言行。而自晚清西风东渐以来,特别是清政府实施新政后,一些浮动之士凭借所知的一点西学皮毛,大肆攻击自己国家五千年的传统文化为陈旧、落后,"必欲削除之以为快"。如果任由这些躁进之徒为所欲为,则"身与家且虑颠陨,遑问国乎"?反观徐世昌,他作为膺寄清廷新政之重的朝中要员却并没有一味地趋鹜西学、西法,而是在政务之余从事于续修家谱、纂辑世德的工作。故贺涛最后总结道:"将变所趋,必定所守,守之愈牢,趋之弥猛。"意思是,引进西学不能打倒传统文化,反而只有守住传统文化的根才能更好地引进西学,改革政治,"乃能于所当变者遭疑阻而不挠,锐进而不知止,而果有成效之可期也"。[1]

在几乎同时贺涛应徐世昌之请所写的另一篇文章《题御制十臣赞册》中,贺氏也表达了大体相近的对晚清时局的所思所感。在文中,贺涛首先对比了乾隆朝宇内清平、国家无事的盛世景象和当时世变日急、内忧外患的衰乱情形,认为"循旧不

---

〔1〕(清)贺涛:《贺涛文集》,华东师范大学出版社2011年版,第336页。

## 第四章 燕赵地区家族教育的变革对文化转型发生影响的通道

足以为治,将取古法而更张之"。言下之意是,国家在政治上应有所改革以应对时局,但是一些只想着学习西法的官员却不懂得践行"以忠诚谋国,以勤笃任事"的为官做人之道,反而一味诋毁古人、古法,甚至不惜废弃中国人传承千年的礼义纲常。贺涛认为,这些人的行为皆是"无定识于中,而愤时横议",换句话说,都是一些意气用事的愤青,如果任由他们来主持朝政、施行新法,"恐或有溃裂而不可收拾之虞"。由此可见,贺涛对当时世道和政局还是有很清醒的认识,他并不反对实施新政,但希望能由像徐世昌这样公忠体国、有守有为的开明官员来主持之,这样才有可能使国家走上稳健发展的富强之路。[1]

光绪三十三年(1907年)初,东北改设行省,徐世昌被任命为钦差大臣、东三省总督,兼管奉天等地将军事务。当时在保定任文学馆馆长的贺涛专程到北京为徐世昌送行,并写下了一篇情义恳挚、洞见深刻的《送徐尚书序》,成为二人深厚友谊的见证。其时东北刚刚经历日、俄战争的洗礼并随时面临被两大帝国瓜分的危险,内政、外交皆困难重重,徐世昌以翰林出身的一介文官而出掌首任东三省总督,其任务之复杂、艰难可想而知。

徐世昌见到贺涛后,首先向贺氏咨询东三省的事务该如何办理,并慨叹"吾政不修,外侮且至,既劫于外,悉暇自治?"当贺涛反问徐世昌有什么想法时,徐氏把自己提前谋划好的东北施政方略全部告诉给贺涛,并希望他能提一些好的建议。贺

---

[1] (清)贺涛:《贺涛文集》,华东师范大学出版社2011年版,第338页。

涛听完之后觉得徐氏的施政方略完整全面、有针对性且缓急得当，自己"虽欲有所建白，竟无一事可假以进言"。贺涛虽自谦无所建言，可还是为徐世昌指点了一条虽非当时急务、却关系到东北长远发展的太平洋海权战略。贺氏认为，"商业之赢缩，视海权之张弛"，而当时东北的实际情况是，"太平洋之权已见夺于日、俄两国，则权之在我者无几存"。所以贺涛建议徐世昌到东北后，在现已制定好的政略付诸实施并取得一定成效后，当致力于争取太平洋制海权，"与群强争雄于海上"。[1]贺涛的此项建议虽然未来得及为徐世昌所采纳并实施，可是依然不掩其深刻的政治洞见和战略价值。

徐世昌到达东北不久，贺涛便从保定给徐氏发去一信，即为《上徐制军书》。文中对徐世昌出任东三省总督以及东北未来的发展充满了希望，并从内治、外交、内交三个方面给徐氏提出了中肯的建议。关于内治之术，贺氏以为"但使所设司道官举其事、人堪其官足矣"；外交则比较复杂，贺氏主张以极大的政治智慧和耐心对待日、俄等外部势力，反对以简单、幼稚的方式触怒对方而激化彼此关系；关于"内交"，其实就是处理好地方督抚与中央政府的关系，而这尤其是贺涛所要向徐世昌进言的。贺氏认为，虽然朝廷降旨给了徐世昌"便宜行事，不为部例所拘"的钦差特权，但是徐氏却不可过分倚仗之。如果当自己在地方想办什么事情而中央有不同意见时，应该想办法以理说服之，而不可意气用事与之对抗，这样才不至于破坏彼此

---

[1]（清）贺涛：《贺涛文集》，华东师范大学出版社2011年版，第216页。

## 第四章 燕赵地区家族教育的变革对文化转型发生影响的通道

正常关系，什么事情也就都好办了。特别是张之洞、袁世凯近来都被召入军机处，主持中央政府日常工作，以他们的威望和如今所处的地位，徐世昌对其"尤宜礼下之毋抗"。最后贺涛向徐氏建议"莫若让善巡抚，而归功枢臣，有事则咨焉，有疑则质焉"，这样才能使各方势力对其消除忌妒而多所赞助，从而使想办的事情皆能顺利完成。[1]

徐世昌接到贺涛的建议书信后，立即给贺氏回书，向其详述了自己主持制定的东北施政方略以及当前所遇到的难题，希望贺氏能继续有所建言。贺涛不负所望，再次给徐世昌修书一封，即为《复徐制军书》。在信中，贺涛再次强调内治不仅要做到官举其事，还要实现人堪其官，不过目前"所难者惟在得人耳"。鉴于人才难得，又很难短时间内培养，故贺涛建议徐氏"即现所委任者策厉之可也"。针对徐世昌来书提到的属下办事人员"中驷为多，且不尽可用，宜加淘汰"的问题，贺涛认为，既行淘汰之后，剩下的这些"中驷"应该都是可用的，只须"以伯乐相之""王良、造父御之"，也就是说，经过上司的慧眼识别和用心栽培后，这些人还是能够成为优秀人才以发挥其应有功效的。其次，针对日本驻兵间岛、意欲有所图谋的问题，贺涛认为，应该"起而诘之，不少退让"，这样既能降伏日本的骄横心理，也能让其他列强知难而退，不再对东北怀有非分之想，从而保证东北的主权完好无损。最后贺涛对徐世昌提出的"定官制、造人才、御外侮、平内患"的施政方略表示了高度的

---

[1]（清）贺涛：《贺涛文集》，华东师范大学出版社2011年版，第121页。

赞许，认为此十二字内容纲举目张，囊括无余，自己也没有什么更好的建议了，并向徐世昌推荐了两名优秀人才，希望徐氏能量才任用之。[1]

宣统元年（1909年）初，徐世昌被清政府任命为邮传部尚书，从东北回任京城，贺涛得知消息后，立即给徐氏去信表示祝贺，并为其履新献言献策。贺涛认为，新政实施以来国家各项事业都取得了长足进展，只有西北一带由于交通不便而依然贫穷、落后，"故铁路之敷设，惟兰州为最急"。在邮传部的政府公告中声称，铁路的建设应从政治、军事、商业三个方面进行规划，可是在实际建筑过程中却往往只考虑商业利益，导致对国家政治有重要意义的事业反而被放到后面了。贺涛认为，在当前这样一个实施预备立宪的特殊时期，政府的各项事业应围绕国家政治进行通盘考虑、实施，邮传部的铁路建设"宜暂缓所急，勉为其难，而并力于西兰一路"，这样才能使西北地区尽快改变落后面貌，而与整个国家的新政进程保持一致。同时贺涛建议，徐世昌主持的邮传部应尽快将船政、邮政的权力收回，津浦、粤汉及湖北境内的川汉铁路的筹备、规划方案也应由邮传部统一管理并对外公告。总之他希望新到任的徐世昌能革新部务，有所作为。最后，贺涛声称自己在文学馆已三年，"在新世界中讲论旧学，又无成效可言，自愧殊甚"，虽是自谦之言，亦透露出他对自身际遇及世道变迁的感伤之情。[2]

民国元年（1912年），清帝退位，民国肇建，两个多月后

---

[1]（清）贺涛：《贺涛文集》，华东师范大学出版社2011年版，第342页。
[2]（清）贺涛：《贺涛文集》，华东师范大学出版社2011年版，第361页。

## 第四章　燕赵地区家族教育的变革对文化转型发生影响的通道

贺涛在故城家中不幸因病去世。时任国务卿的徐世昌不忘故交，担心贺涛身后文字湮没，毅然出资刊刻其文集、尺牍，此即为民国三年（1914年）七月印行的《贺先生文集》。徐世昌还专门为该书撰写了一篇情义深挚的序文，文中不仅系统梳理了桐城派的源流、义法和代表人物，并充分肯定了贺涛的文学造诣和在桐城派谱系中的地位，同时念念不忘两人"相交最笃以久"的深厚情谊。不仅如此，徐世昌还为这部文集题诗一首，以颂扬贺涛的文学成就并记录两人交往过程中的难忘经验以及与其后人的交游缘起："蔚起桐城后，斯人去不留。奇文追史汉，大业继韩欧。待客曾悬榻，藏书正起楼。凤毛能似续，琴剑复从游。"[1] 诗中的"凤毛能似续，琴剑复从游"指的就是贺涛之子贺葆真（字性存）能继承父业。徐世昌念及故人情深，亦欣赏贺葆真的才华，所以将其招致幕中。贺葆真常年为徐世昌幕宾，为徐世昌打理内务，整理图书，帮徐世昌编书并出版等。徐世昌曾有《简贺性存》一诗，对贺葆真赞赏有加："万轴牙签费校仇，百花深处隐书楼。文章宗派承先业，目录名家接胜流。独慨荆驼存逸史，续将风土记深州。儒门世德清芬远，小阮才华迈应刘。"[2]

徐世昌藏书处名曰书髓楼，藏书数量很为可观，贺葆真为其编《书髓楼藏书目》八卷，著录经部四百部、史部一千部、子部八百部、集部五千部，共七千余部。间有稿本、明刊本，

---

[1] 徐世昌：《水竹邨人集》，天津徐氏民国七年（1918年）刊行，卷二，第8页。
[2] 徐世昌：《海西草堂集》，中国书店1991年影印，卷十六，第509页。

主要为清人诗文集,专录清人别集书目约二千七百种。书目编成之际,徐世昌赋诗一首,字里行间流露出对贺葆真的赞赏与感激之情:"淡泊终怀无与俦,烦君为我典书楼。眼中白黑分知守,案上丹黄费校仇。签帙纵横十万卷,古今镕铸几千秋。衰然编目成书后,海上虹光射斗牛。"[1]

贺涛之孙贺培新(字孔才)虽与徐世昌辈分、年龄相差悬殊,且分处京、津,彼此很难有深入接触的机会,但是其凭借家世和才华还是赢得了徐世昌的青睐。贺培新曾在徐世昌下野后到天津徐宅登门拜访徐氏,不仅得到了徐氏的热情接待和温言勖勉,还获赠徐世昌为其亲笔书写的墨宝,这些在贺培新为徐氏所做的《弢斋先生七十寿序》中都有所反映。

徐氏在《跋贺孔才印谱》中云:"贺孔才博学善文,能绍其祖业,是少年英俊之士。读书之暇,喜刊印。习此艺者须熟于小学,游艺于秦汉之上,故述次以发其意。"可以说对这位晚生后辈的博学多才充满了奖掖之意和欣慰之情。由于徐世昌在晚清民国政坛、文化界的声望和地位以及徐、贺两家的世交关系,贺培新对徐世昌亦满怀崇敬和感念,故在徐氏于民国二十八年(1939年)去世后,专门为其编撰一部《水竹邨人年谱》,不仅为徐氏留下一份完整的生平记录,也为徐世昌与武强贺氏三代人之间五十多年的交游历程画上了圆满的句号。

除了与徐世昌的往来以外,贺涛与晚清时曾任陕甘总督的毛庆蕃多有往还。光绪三十四年戊申(1908年),毛庆蕃赴任

---

[1] 徐世昌:《海西草堂集》,中国书店1991年影印,卷二五,第798页。

第四章　燕赵地区家族教育的变革对文化转型发生影响的通道

甘肃,贺涛在书信中曾对毛庆蕃赴任新职如此陈述已见:

> 变法以来,风习日趋于新,沿海江诸省尤甚。甘省僻在西陲,其民素多朴拙自守,官其地固当阅其新机,然朴拙之素亦似不宜骤变,恐图新未成已亡其旧,天下事将益不可为。读升制军章奏,若惟恐变之太速者,盖亦虑及于此,窃窥我公意旨与升公略同,今既相助为理,取朝廷所颁施与吾儒所夙守,参合行之,必有因地制宜相时造变,善具始以要其终。[1]

可见,贺涛在此想要表达的是,相对于沿海地区日趋于新,甘肃位于西北,内地民风朴拙,思想保守,给变法施政带来许多困难,因此,主政其地者应因地制宜,具体考虑西北当地的实际情况,确定施政方略。且其再一次说明了西北之地交通不便给予政治、经济、文化带来的弊端,从侧面说明及时修建西北铁路的战略意义。

贺涛不仅通过对熟识的官员建言献策的方式施加影响,进而影响地方乃至国家层面的文化建设,还通过向官员推荐自己得意门生的方式推行自己的思想主张。

贺涛任教冀州信都书院长达十八年之久,后又受邀主持文学馆,门下从学者众多,对于自己有才能的学生,他常常向熟识的官场好友举荐。

---

[1]《清代诗文集汇编》编纂委员会:《清代诗文集汇编》(第771册),上海古籍出版社2010年版,第676页。

在《与赵铁卿阎鹤泉》中,他写道:"吴先生有子曰闿生辟疆,原名启孙,前会为公言之,以为新学旧学皆当属之……志性刚决,不畏难不辞劳,亦必能有所担荷,此天下之奇宝也……以公留意人才,如斯人者不可不储之来袋,故不惮再三言之。"[1]

在写给毛庆蕃的信中,他曾这样说:"冀州举人赵衡字湘帆,年四十,涛旧日门人,笃学不倦,尤致力于词章,其独到处涛自谓不能逮也。尝主讲深州书院,学者翕然归之。昨所荐二侯皆其弟子,馆中得此人当为生色。"[2]

他在《复徐鞠人》中推举吴闿生:"吴先生嗣辟疆(即吴闿生),年甫弱冠,于学无所不窥,其文笔横绝一世。前年游日本,今接其来书,言入早稻田大学,将偏窥欧美之学,赠以所著《和文释例》,所译《世界地理学》,两书皆佳构也。旧学新学,皆当属之斯人。"次年又作《与徐鞠人侍郎》推荐吴闿生和李书田,"吴先生有子曰闿生辟疆,原名启孙,前会为公言之,以为新学旧学皆有当属之斯人。今校勘遗集,一人独任,日写数万字。其在学校司月译二三十万言,可谓神速。而志性刚决,不畏艰难,不辞劳,亦必能有所担荷,此天下之奇宝也。……枣强李生书田,沈静志学,文甚雄厚,吴先生尝称其文,且喜其以文事自任,尤见赏于陆学使,盖亦吾乡之宝也。"

综合以上史料,我们可以说,贺涛对于自己培养出来的得

---

[1]《清代诗文集汇编》编纂委员会:《清代诗文集汇编》(第771册),上海古籍出版社2010年版,第656页

[2]《清代诗文集汇编》编纂委员会:《清代诗文集汇编》(第771册),上海古籍出版社2010年版,第676页。

意弟子，总是极力向熟识的官员大力举荐。不论是让这些弟子入官员的幕府参赞，还是入官员的家馆执教，都是间接地将自己的执政理念、文化主张、文学观念等渗透到地方的政治、文化、教育事业中。对于地方文化的转型，其影响是深刻而潜隐的。

## 第三节 家族人才参与地方事业中的引领与渗透

### 一、参与地方教育事业

科举废除之前，科举考试是每个家族的重中之重，地方望族对于家族的科举和教育十分重视，这就必然会使得地方的望族在实质上参与到地方教育事业的发展中去。科举制度废除之后，虽然通过教育的途径让族人中子弟踏上仕进的"天梯"不再成为家族孜孜以求的目标，但是，通过新式教育让族中子弟和邑中学子成为家族、国家的栋梁之材，依然是名门望族中的有识之士的不二共识与坚定不移的行动。因此，族人中的英才通过各种途径、方式参与到地方的教育事业中去，也是自然而然的事。这主要表现在以下方面。

首先，族人在当地的学校讲学，直接为当地培养人才。如东光马氏家族的士人在致仕之后，往往投身于讲学事业中，为当地育种桃李。其中的马兰谷，便是典型。对于此人，其族人曾如此记述："讳德潜，号兰谷，邑廪生，生平慕陶渊明之为人，赋性沉潜，存心谨厚，慎动作，寡言笑，谊笃伦理，聪颖过人，学问淹博，为诸生冠，食廪饩，入选拔场，七试皆冠军，竟以数奇不获隽，意恬如也。息心经史，详人所略，为社学师，指引后进，成全甚众不望报，凡在门下者，如坐春风焉，殊不觉其默受陶铸也。"[1] 后人对其品学和师范更是大加赞赏，曰："夫子之不凡兮，夫子之象贤兮，夫子之高躅而不可攀兮。天资高明，兼沉潜兮。持身厚重，綦谨严兮。选文辑诗，饫陈编兮。邑乘家牒，力胥殚兮。娱情琴剑，自乐天兮。放怀棋酒，脱俗缘兮。仰慕师范，品学端兮。"[2] 再如东光马氏家族中的另外一位代表人物马芗史，"讳鑠箂，别号柳简，东邑名孝廉，为文学兰谷之孙，茂才满芳公之长子……光绪己卯为社学师，及门甚众，对于贫寒子弟尤著意，成全不望报，其堂弟鑠筹首赖以成名外，此被春风而采芹藻者尤实繁有徒焉。"[3] 可见，马兰谷和马芗史积极投身于当地的学校之中，教化贫寒子弟，以成就人才为己任，直接为地方培养了不少人才。他们在教化过程中以家族的文化影响当地其他家族的子弟，对促使地方学风的转变，大有功劳。

阜平陈氏家族亦然。从十四世开始，在"西学东渐"与清廷制度变革双重影响之下，陈氏族人逐渐开始接受新式教育。

---

[1] 马春晟等：《沧州东光马氏家乘十修谱》，民国十一年（1922年）刻本，不分卷，清故邑廪生兰谷马公墓表。

[2] 马春晟等：《沧州东光马氏家乘十修谱》，民国十一年（1922年）刻本，不分卷，清故邑廪生兰谷马公墓表。

[3] 马春晟等：《沧州东光马氏家乘十修谱》，民国十一年（1922年）刻本，不分卷，马君芗史传略。

## 第四章 燕赵地区家族教育的变革对文化转型发生影响的通道

科举的废除也让陈氏重新考虑家族生存之路,陈氏子孙开始走进新式学校,接受新式教育。而这一时期家族的文化示范主要是通过家族成员所从事的工作实现的。从十四世开始,陈氏成员从新式学校毕业之后主要进入两个领域任职,一是进入学校担任教员,二是进入军队担任军职,而以前者比重居大。陈氏家族成员从事教育行业人数之多是罕见的。众所周知,学校在近代社会是传播新思想、新观念的最有效场所,而学校里的老师更是传播新思想、新观念的关键所在。阜平陈氏在十四世之后进入新式学校教授新课程、新理念的家族成员不胜枚举。其具有代表性者如下:十四世陈继瑄曾担任许多职位,教育方面的就有蒙养学堂教习、初级小学校校长、师范讲习所国文教员等;陈继骏担任国民小学校教员;陈继濂先后毕业于高级小学和师范讲习所,后担任国民初级教员;陈继祐毕业于天津工业专门学校,曾任天津觉民学校数理教员、山海关田氏中学理化教员、天津省立职业学校训育主任、中日中学理化教员、工业学院物理助教;陈继裕毕业于河北省立第四师范学校,后任阜平县立第一高级小学校主任教员、阜平县立师范学校校长、阜平县教育会主席等职。十五世陈道尊自保定道自治讲习所毕业,曾任初级小学堂教员、校长,第二小学高级班国文教员;陈守诚大学预科毕业,曾任县立高级小学校教员;陈道真高等小学校及师范讲习所毕业,任本县高等附属模范小校教员、社会教育宣讲所讲员;陈守绂为国立北平师范大学理学士,历任省立正定中学校、省立北平高级中学校、北平市立第一中学校、私立四存中学校数理教员。[1] 陈氏家族成员在教师岗位上通过传播新思想、新观念，为地区文化建设与转型作出了重要贡献。

其次，地方家族通过创办学校、捐资助学积极参与地方教育事业建设。这主要体现在以下两方面：第一，族人通过倡建书院、创办义学、新式学校等举措，不仅仅提高了家族自身的威望，还为地方教育事业发展作出了重要贡献。如东光《马氏家乘》十修谱第七卷墓志铭中记载着族人马锡蕃（字晋占）创办书院和设养济院的事迹：

> 晋占先生，冀北名士也，其先君子世有令德，诗礼传家，为观州望族。先生生而聪颖，束发读书，早为塾师所期许，未几冠童子军，食上庠饩，文名噪于一时焉。先生益肆力于经史，不以一得自封也。壬午登乡贤书，屡试礼闱不售。甲辰以知县大挑，分发四川，历署江安新宁乐山洪雅为等县事，补夹江实缺。每领一邑，甫下车，百废具修，如培植书院增膏火，设养济院寓贫民，练团以御寇，积谷以备荒，皆次第行之，尤可异者，听断如神。邑有含冤莫白，经数十年之沉没而无由昭雪者，先生皆一一平反之，迄今父老谈其轶事，犹啧啧称道不衰云。乙卯乡试，先生分校文闱，所试卷，皆取有根柢之学，凡揣摩于时墨者，悉摈斥之。品亦出其门下获售焉，揭晓后，往谒先生，每以读书立品相勉。丙辰春，品联捷礼闱，先生手书致贺，

---

〔1〕 陈继瑄:《阜平陈氏宗谱》，民国二十四年（1935年）刻本，下卷，附录。

## 第四章 燕赵地区家族教育的变革对文化转型发生影响的通道

且自喜文章有价,赏识不诬,其怜才爱士之心,溢于楮墨,盖其性成者然也。后数年,先生倦于宦遊,遂挂冠归田,结庐林间,优游泉石,以著书为事,时复以诗文课儿孙。是时品职西曹,不获往见,方谓先生道屡安和,必寿增期颐,侍教会有日也。及癸酉秋,先生之长孙锦生,以增学生来京乡试,品就询起居,始知先生已归道山矣。兹者牛眠既卜,马鬣将封,其嗣君凤焘,嘱品一言以为志,呜呼。古有云,知弟莫如师,则知师者亦莫如弟。先生之性情心术,政事文章,其表见于吾蜀者,皆品所朝夕亲炙,心仪而目睹,思者也,知之也真,故言之也详。先生往矣,而盛德高风,不与日月山河共垂不朽哉,乃为铭曰:'先生之文,如金斯铸,先生之品,如玉斯良,宦遊蜀国,泽沛甘棠,爱民爱士,善政远扬,一朝解组,归隐故乡,林泉乐道,旋梦黄粱,其形随逝,其德孔长,文孙令子,世继书香,师门回首,涕泗旁皇,佳城在望,万古流芳'。[1]

从中不难看到,马锡蕃不仅仅积极投身地方教育事业,"培植书院","设养济院寓贫民",而且对于村中事务更是积极参与,积谷以备荒,举办团练以抵御寇贼,还热心帮助乡民,邑中有含冤无由昭雪者,先生皆一一平反。因此,其深受当地父老的赞扬,对其轶事更是"啧啧称道不衰"。

临榆田氏家族也是如此。田中玉在任职山东督军兼省长期

---

〔1〕 马春晟等:《沧州东光马氏家乘十修谱》,民国十一年(1922年)刻本,不分卷,诰封奉政大夫马公讳锡蕃字晋占墓志铭。

间，秉持其祖母和母亲造福乡里、不忘根本的意愿，在山海关出资筹办新式学校。对此，《临榆县志》有如下记载：田氏私立中学校于民国九年（1920年）春立。中学校舍五十间于田氏节孝祠后院，民国十年（1921年）秋开学招第一班新生，以后每年招生一班。购到全份理化仪器、标本、体操器械，设普通讲室及理化陈列室、理化教室。购学田六千六百余亩，接收第一、二、三、四国民小学。民国十一年（1922年）春购东北城角地五十余亩为运动场，领到教育枪八十支，添设第五国民小学校，购学田三千七百余亩。民国十二年（1923年）春添设第六国民小学校及中学预备班，改三三新制。民国十三年（1924年）春建校舍五十四间，领到荒山一百方里，开始造林以为大学基金。民国十四年（1925年）暑假第一班学生毕业，以后按年毕业。民国十五年（1926年）立高级中学，分为文理商三科，添设第七国民小学校于苗圃，第八国民小学校于海滨。民国十六年（1927年）春建校舍三十间，设学生化学实验室、商科教室。[1] 通过这段记载，我们可以发现，县志中的记载与我们上文所考家谱中的内容完全一致，二者形成互证。同时也可以看出田中玉通过创办新式学校，培养新式人才，对于地方文化建设与转型所作出的重大贡献。

南皮张氏家族亦然。张之洞回乡祭祖之时，看到学生多在私塾学习，书院很少，新式学堂更谈不上，于是用慈禧赐给他的5000两纹银加上自己的俸禄1万多两纹银，购地17顷，修建

---

[1] 高锡畴等：《临榆县志》，成文出版社民国十八年（1929年）铅印，卷九。

## 第四章 燕赵地区家族教育的变革对文化转型发生影响的通道

慈恩学堂,即是今天的南皮县第一中学。光绪三十三年(1907年),该校建成。按张之洞拟定的"癸卯学制",组建初等小学、高等小学两部。开始是60名学生,后又增设了中学堂,定额30名。以后,又续1万两银子经费,用以生息,供学堂日用。为建学堂,他曾派孙子张厚璟回乡督办。学堂所有课程都是新式的,包括代数、物理、化学、国文、英语、体操等。这对于促南皮教育近代化,意义非凡。张之洞生于贵州,入仕之前仅短暂地回过几次故乡南皮,一生从未在家乡任职,但他顾念乡情,设法回馈故里。他用平时积攒下来的朝廷赏赐银两等积蓄,在南皮县筹办学校,并提供田产经费,支持学校的后续发展。这对于造福乡党,发展教育,开化风气,均具有重要意义。

第二,族人积极为地方踊跃赞助、筹措教育所需经费,为地方教育事业发展尽己所能。如沧县刘氏家族的刘凤舞捐赠宾兴田的事迹在县志中曾有如下记载:

盖闻化普春风,桃李阴成于花县,惠沾时雨,榛苓秀挹夫芹官。倘非解囊,逢人慷慨而励桑弧之志,何以办装有力激昂,而振蓬户之声,泽霈士林,蒙庥奕叶,有足尚焉。查沧境东连鲸海,北拱燕畿,夙称殷富之区,洵为文明之薮。自遭兵革,弓冶风微,况鲜年丰,盖藏日罄。虽复士勤弦诵,不无鸴鸠之鸣,亦虞资叹囊空,遂窘骅骝之步。此珠遗沧海,玉蕴荆山,有心人所为惋惜而三叹也。兹有绅耆一品封典刘协镇凤舞者,世绵朱履,家本素丰,乐善好施,急公慕义。既纳粟备苍生之馁,桑梓衔恩,复捐金虞白屋之贫，菁莪作士。已于光绪六年（1880年）四月初一日捐助寒士乡试资斧京钱四千缗，发商生息，计三年之利为一科之资。所有议定条规，业经通详立案，垂诸久远，永为式程，嗟乎。青钱既选，子母权而利益允恒，黄卷有资，寅宾兴而书升克晋。夏屋遂腾骧之志，秋风听呦鹿之鸣，霈泽均沾，风云际会。将见祥征甲榜，帽插一品宫花，定占惠普壬，林香挹五枝庭桂矣。用彰骏惠之施，因列条规于左。（权沧州事济宁骆孝先记）[1]

可见，刘凤舞为地方寒素之士进京赶考捐赠宾兴田，对于地方寒素子弟安心接受教育，提高当地贫民子弟在科举之路上升进的积极性，具有重要意义。这不仅在振兴当地教育上起到积极作用，对于提高家族声望，扩大家族的文化影响力，也发挥着举足轻重的作用。

## 二、对地方文化事业的贡献

地方大族不仅仅积极参与地方教育事业建设，对地方文化事业更是做出了重大的贡献。有族人积极参与地方志的修撰，得以为后世留下地方的史志资料，文化大族族人的著述更是成为当地文化中的璀璨明珠。

沧州东光马氏族人马芗史编制邑志，"于课读之余担任编次，举其先祖父之遗稿，与其父经营数十年之成本，殚精较正，

---

[1]《集成》编辑工作委员会：《中国地方志集成·河北府县志辑42：民国沧县志》，上海书店、巴蜀书社、江苏古籍出版社1996年版，第466页。

## 第四章 燕赵地区家族教育的变革对文化转型发生影响的通道

更四出搜罗境内之孝子节妇烈女义士及一切嘉言懿行，补前此之所未备，分类别条，成节略以供纂修，竭数年之力，而功始竣戊子"。自此可见，马芗史祖孙三代在编修东光县志上前仆后继，兀兀穷年，终于编成一部高质量的县志。马芗史还于戊戌年续修家中族谱，为"续谱主稿者"，"曰族谱为祖功宗德所系，先王父及先父均倡修一次，敢不勉以先人之心为心，续成斯举乎。"[1] 此外，续修地方志的还有"清门后裔"马满芳，其"以邑志年久失修，禀请邑令陈各路采访，公亲赴四乡咨询，凡孝子节妇以及穷乡僻壤烈女之殁于兵燹，义士御寇殉难者，罔不搜罗殆偏，分类别条，编辑成本，汇送通志总局，又持稿赴省赴郡赴津，历求上宪删定，以期成善本，盖经营十数年，未尝以劳瘁辞也"。[2] 显然，马满芳继承了乃祖遗风，为了编修东光县志，不仅多方访求各个阶层的代表人物搜集资料，而且安坐于斗室之中殚精竭虑，终于修成"善本"。

除族人参与地方志的编纂之外，族人的文学著述更是丰富了当地的文化资源。世家大族善于垂训子弟，其子弟更是自幼好读书，遂在家中形成文学、经史和书画的传统，使得族人热衷于文学、艺术创作，其文学、艺术等作品流芳百世。据光绪年间《东光县志》[3] 记载，"东邑为古封建名区，贤才辈起，

---

[1] 马春晟等：《沧州东光马氏家乘十修谱》，民国十一年（1922年）刻本，不分卷，马君芗史传略。

[2] 马春晟等：《沧州东光马氏家乘十修谱》，民国十一年（1922年）刻本，不分卷，马公满芳传略。

[3] 《集成》编辑工作委员会：《中国地方志集成·河北府县志辑45：光绪东光县志-民国交河县志》，上海书店、巴蜀书社、江苏古籍出版社1996年版。

固宜为著作之林第",其中当地马氏族人诗文著述颇多,在县志中均有记载。如工科都给事中马汝松撰《疏论遗编》《清门先生诗稿》、湖广布政司右参政马允登撰《弹章纪略》、增生马之骙撰《墨隐诗草三十卷》、拔贡生马廷宣撰《读史纂要》、宁河县训导马德称撰《谦益堂诗稿》、安州学正马廷翰著有《德鸿诗词文稿》等,这些著述文稿在县志"艺文志"一卷中均有记载。沧州任丘边氏家族亦是对族人的文学艺术教育特别重视,族中才人辈出。其中边汝元著有《桂岩草堂诗》八卷、杂剧《鞭督邮》《傲妻儿》《羊裘钓》三种。边中宝著有《竹岩诗草》四卷、《敦本堂诗抄》八卷以及《南游埙篪集》等。边连宝一生诗文著述众多,有《随园诗草》《随园病馀草》《病馀续草》《杜律启蒙》等。[1] 沧州戴氏族人在文学创作中有许多关于沧州当地名胜和乡土文化的诗词,如戴明说的《沧州故里》《赋秋凛有八》,戴王纶的《铁狮歌》《朗吟楼九日登高》,戴暻的《河间途中》,戴宽的《河间》《烧海》《捕蝗行》,戴鸾图的《猫公书院》《扁鹊故宅》,戴翼的《农家短工语》等。据保定《定兴鹿氏二续谱》记载,鹿氏家族先人遗著有《四书说约》三十三卷、《认真草十五种》二十二卷、《三归草》二卷、《北海亭文集》四卷、《北海亭诗集》四卷、《忠节公文集》二十一卷、《圣庙志辑要》三十卷等。[2] 石家庄正定梁氏家族作为明清时期的文学世家,人文荟萃,灿若繁星,其中以梁梦龙、梁维枢和梁清

---

[1] (清)边方晋:《沧州任丘边氏族谱》,乾隆三十七年(1772年)刻本,第九卷,37页。

[2] (清)鹿传霖:《保定定兴鹿氏二续谱》,光绪二十三年(1897年)刻本,第十二卷,1~7页。

## 第四章　燕赵地区家族教育的变革对文化转型发生影响的通道

标为主要代表人物。梁梦龙主要著述有《赐麟堂集》十卷、《科中题稿》二卷、《巡抚山东考》七卷、《巡抚河南稿》八卷、《军门奏议》十卷、《军门行稿》六卷、《军门批详》一卷、《兵部堂稿》四卷、《读书日录》四卷、《海运新考》《史要编》等。[1] 梁维枢著有《玉剑尊闻》《姓谱日笺》《内阁小识》《群玉录》等。梁清标自幼从学于父亲梁维枢，诗词歌赋皆擅长，著有《蕉林诗集》《棠村乐府》《棠村随笔》等书。这些文献不仅是先人留给后代子子孙孙的财富，更是当地文化风气的象征。

家族不仅仅为族人子弟和地方留下了许多的文学著述，还为族人和后世留下了医学著述。如在廊坊刘氏族谱中就有这样的记载：刘氏族人"逐遍访名医，搜集其所珍藏有益无损之秘密良方，辑录于家谱，于我乡僻难于求医者亦不无益，至友孙雨村君冯老先生润田氏内外两科皆精，集有许多救急良方，遇乱遗失，悔不能登载于家谱，以活后人。幸在燕都有世交医官张君敬斋，家传儒医，各科尤为精奇，见其所集良方，按病用之，无不立见神效。我族长东海君亦最嗜医，有家常经验良方，一并抄列于谱后，兹又補录于善书，以备有病不及求医者"[2]。其中择集良方有佛手散药方以治胎儿受伤危险、华佗愈风散治疗产后受风者、安胎方、清肝解郁汤、治腹痛而痢方等，药方多达百种。这不单单是药方的流传，更充分显示了刘氏族人行善积德、济世救民的优良传统，不仅维系着家族文化的传承，

---

[1] （清）梁允植：《石家庄正定梁氏续族谱》，康熙十九年（1680年）重刻本，第三卷，12页。
[2] 刘秉簏：《廊坊刘氏族谱》，民国十二年（1923年）刻本，第三卷，第66页。

还影响着地方的风气。

## 三、兴修水利

清代"重国计、轻民生",水利开发集中于东南沿海一带,北方的水利建设和南方比相差甚远。自民国时期,政府逐渐意识到民生建设的重要性。不少官员与民众都参与到水利建设当中去。政府为了加紧对地方的控制,更为重视水利事业。其中,开渠事宜一定要在省级政府报备。从对水利案件的处理中也能明显看到官方积极参与的身影。毋庸讳言,事关民生的水利纠纷中的疑难杂症,仍然是这一时期不能忽视的问题。在新权力介入之时,人们依然习惯运用传统的力量与传统的依据(渠册、碑刻)解决纠纷,一时间,新政权培养的新型知识分子与旧体系下的士绅阶层构成处理地方水利争执的两股主要力量,他们时而重合、时而分离,使水案之解决更加扑朔迷离。

在地方水利事务中,州县官作为地方的"亲民官",遇到水利诉讼或者不公之事,其决策效力通常会对民间的水利组织产生影响。作为一州一县的行政首脑,州县官被要求熟悉当地各方面情况,并对辖区内的一切事情负有责任。尤其重要的是,他必须维持辖区的秩序。另外,活跃在水利管理组织中的"头号人物",显示出高度的家族延续性。自秦废井田、开阡陌之后,谈起水利之事,多是因地之利,导川为渠。国亦以农为本,民以食为天,灌溉、水利之事关乎民生,若处理不当或分配不均,必会引起争端。孙氏家族成员孙奂仑忧心民本之事,到任山西洪洞县,为解决民之纠纷,身体力行,多番问询、考证,

## 第四章　燕赵地区家族教育的变革对文化转型发生影响的通道

编撰完成《洪洞县水利志补》，引导本县民众公正使用渠水，从根本上解决民众用水问题。

对此，他在民国五年（1916年）丙辰冬月为玉田孙氏族谱作序时曾如此写道：

> 晋之民，素以巽弱名国中，而洪赵二邑独称难治。余于乙卯春捧檄权洪邑，益惴惴然惧弗胜焉。下车伊始，清理积案数百起；凡百庶政，亦整厘而进行之。视其民质朴而简塞，犹是唐魏之遗。其于诉讼也，一经剖断，率相悦以解，欣然而去。衿绅之士，又皆束身自好，群以恬退为务。求所谓难治者，竟渺不可得焉。任事稍久，值时亢旱，于是村民争水之事日有所闻。盖洪境辖二百余村，溉田之渠逾四十。或导源泉涧，或接引河流。小者关乎数村，大又联于异县。使灌溉稍不均，或有妒其习惯以自利者，则千百之众群起以相争。同渠者，村与村争；异渠者，渠与渠争。率皆掷金钱轻生命而不惜。一变其涣散怯懦之习，为合力御外之图。联袂攘臂，数十百人相率而叫嚣于公庭者，踵相接局。因是恍然，于向所闻难治者，其殆指此耶！夫设官所以为民，民于利害切身之事，争之不得，群谋诉之于官。则为之究其利弊，判其曲直，固官之所有事也，何独于渠案而异之！然而其中有数难焉。县境诸渠远者肇于唐宋，近亦创自元明。挟千数百年之习惯，系千百十户之命脉，于此而不考其源流，知其沿革，仅凭逆臆以为判断，求其输服，盖亦难矣。乃稽之志乘，则简略而不详；

· 193 ·

参以案牍，则兵燹已尽失。平亭失据，考证无资，其难一也。渠之设既如此其久，山陵川谷，定有变迁，沿流溯源，不容泥执。乃官署既无详图可据，乡民端以记忆为凭，苟未曾躬履其地，俾原委曲折罗于胸中，则听讼之时，总使发言盈庭，直无实际可睹。若今两造呈图微论，拙陋堪嗤。即今勉强绘呈，仍是各是其是，指掌无凭，毫厘千里，其难二也。渠之数既逾四十，则纵横午贯，互有联络。一渠既有一渠之纪载，一渠尤有与他渠之关系。不知其争端所在，一经处置，往往利于此者或不利于彼，偏信既所难免，纠葛当然易生，其难三也。有此三难，是以一案之兴，往往民以官为可欺，觊觎其非分之利益。官遂以民为难与，放弃其固有之事权，敷衍因循。纷纭纠葛，越时愈久，真象愈蒙。讼师劣棍，又起而乘之，案乃愈不可解，民愤益积不能平，横流溃决，势所不免，此民所以蒙难治之名而渠事之所以久不治也。以余之不敏，承乏斯土，其因应之道，何敢自诩异于前人？然窃以为，若因畏难而苟安，既邻于自弃；以不治为难治，则近于诬民。值兹连年亢旱之时，正与吾人以切实研究之会。是以于一渠案之来，务先详询其沿革，考究其利弊，征求册例，搜索碑碣，必无遗漏而后已。于其形势也，则亲勘而手绘之。积之既久，境内诸渠，其未经讼案者，不过十之二三，而吾箧中之积稿且盈尺矣。从公稍暇，删其繁鳞，订其图说，遗漏者亦搜求而补入之。从事数月，居然成帙。夫以洪邑渠利如此之古，而所关又如彼其巨，人情方趋险诈，讼事日见纠纷。

## 第四章　燕赵地区家族教育的变革对文化转型发生影响的通道

此区区小册，初何敢谓包举靡遗，若示诸掌！然大端已具，当斯事者果手此一编，再详审而博考之，究有途辙可寻，不至如前此之茫无依据，望洋兴叹，妄以难治之名加诸民，此则敢断言者。若夫绘事之未精，参考之缺略，则订而正之，敬俟后之君子。此编姑引其绪焉可也。是为叙。[1]

从这一自述中，我们不难看到，孙奂仑主政时的洪洞县，境内共有200余村，能灌溉之水渠41条。长期以来，由于浇灌不均，民众经常群起相争，村与村争，渠与渠争，有时还波及到邻县（如赵城县等）。数十百人叫嚣于公庭，引起诉讼之事，经常发生。历任知县对此颇感头痛，都认为这是本地理政的一大难题。孙奂仑到任后，对这一关乎民生大事非常重视。他没有因为此事棘手而敷衍放弃，更没有将"闹事"的百姓视为"刁民"轻率弹压，而是认真了解民众之诉求，详细询问渠水及其取用的历史沿革，考证利弊，征求图册，搜索碑碣，亲自率下属勘查全县41条灌溉渠道，绘制了全县河渠总图和37条河渠平面图。每条渠道都附有沿革叙说，将每渠所经村落、灌溉土地数目、水程期限、渠规渠例、惩罚条款等一一写清。经过一番积累、绘制，一部《洪洞县水利志补》终于编辑完成并付印分发。这是一部自唐以来洪洞县河渠灌溉图册，为研究洪洞县的水利史提供了一份较为完备的资料，有助于借鉴经验、吸取教训，开发水利资源，同时也成为该县民众公正使用渠水、避

---

[1] 孙奂仑：《唐山玉田孙氏家谱》，民国十四年（1925年）刻本，序言。

免水利纠纷、人人必须遵守的一部地方法规。孙奂仑为了解决洪洞县境内用水的诸种争端,煞费苦心,极尽艰辛,不仅对化解纠纷、消除民怨起到了积极作用,对于整个区域社会风气的改善,也是功莫大焉。

**四、参与社会慈善事业**

自古以来,仁善就是中国的传统美德,也是中国传统教育基因的核心因子,在中国人民的心中普遍认为"善不积不足以成名,恶不积不足以灭身",这种以仁善为核心的中国传统教育基因在近现代家族教育中成为不可忽视的重要组成部分。当然,燕赵地区家族也不例外。燕赵家族除了积极参与地方公共基础设施建设之外,还热心参与社会赈灾救助和慈善活动。

(一)参与社会赈灾救助活动

燕赵大地属于温带大陆性季风气候,降水分布不均,易出现旱涝现象。如《民国邯郸县志》中"大事志"卷就曾记载:明嘉靖四十二年(1563年)大水,清乾隆四十三年(1778年)和五十七年(1792年)大饥,五十九年(1794年)夏大雨水,道光十五年(1835年)夏大雨水,十八年(1838年)夏无麦秋禾歉收,十九年(1839年)六月大雨秋旱,同治六年(1867年)春夏大旱,八年(1869年)秋大旱,十年(1871年)秋大水。[1] 自此可见,燕赵是旱涝频仍之地。除旱涝灾害之外,

---

[1]《集成》编辑工作委员会:《中国地方志集成·河北府县志辑60:康熙元城县志-同治续修元城县志-民国邯郸县志》,上海书店、巴蜀书社、江苏古籍出版社1996年版,第398~402页。

## 第四章　燕赵地区家族教育的变革对文化转型发生影响的通道

燕赵地区还有冰雹、霜冻、风暴、瘟疫、蝗灾等灾害，在不同地区、不同程度出现，其中以旱涝灾害为多。频繁的水旱等类灾害导致地方多出现饥荒问题，甚至出现"人相食"的现象，对地方经济、民众生活和社会秩序造成严重的影响。再加上，近现代中国战事频繁，民众惨遭其害。这些自然灾害和战争对地方民众造成了严重的危害，这也就使得政府和地方民众不得不重视起来。燕赵地区作为畿辅之地，常年的自然灾害必然会直接危及京师的安全，所以为了维护燕赵地区和京师的秩序稳定，统治者建立起一套从中央到地方的相对完备的系统化的赈灾济贫扶助体系。与此同时，地方官员、乡绅、望族等群体也积极参与到地方赈灾救助中来，在一定程度上弥补了地方行政机构赈灾人力之不足的问题。[1]

在赈灾救助方面，最为直接的救助方式就是钱粮救济，而且中央和地方政府已经建立起完善的钱谷出纳救济体系，但是政府提供的钱粮对于地方民众的需求而言却是远远不够的，因此一些地方望族或者乡绅开始赈济粮食和钱财。燕赵地区的家族亦是如此。

明崇祯十三年（1640年）和崇祯十四年（1641年）这两年沧州境地闹饥荒，瘟疫并作，当地家族积极参与赈灾救助。交河苏氏族人苏铨"多作药剂遣使挟医分出疗疾，复出粟为粥以救饿人，又贷取广川张君际可米谷千余石继之"[2]。青县戴氏

---

[1] 赵晓华：《清代直隶赈灾体系及其实践》，载《人民论坛》2020年第35期。

[2] 苏振平主编：《交河苏氏清芬录》，中华文化书局2020年版，第128页。

族人捐银救济百姓，戴世钧"捐银五千平籴，全活甚众，州人德之，又山东岁荒，公过普赈，寿光县庶民感德，各负砖瓦，为建积善生祠（戴公祠）于沧城北关"[1]。其侄子戴明说也建议恢复古人之"平籴法"，开仓放粮，以此赈济灾民。到了清康熙四年（1665年）秋，多淫雨，交河苏镰"出谷八百余石，以糜食饥者"[2]。之后，泊头镇每年冬设立粥厂以恤饥民，交河苏元箴"为益米十余石，岁习为常，遇丰年更多出粟展放一月，日余粟有余也"[3]。清季多地闹饥荒，任丘边氏族人边大发和儿子边玥施谷煮粥，赈济乡里。边大发慷慨好义，"及壮营商海甸，渐丰饶，亲族中凡谒选应试及往来谋生者胥竭力资助之。康熙间岁饥，在海甸设粥厂施粥三月，活人无算"[4]。边玥及长，弃书，辅佐父亲边大发从商三十余年，助其施济百姓，海甸人民赠善人匾，称之为"边善人"。后来二人弃商回故里，雍正三年（1725年）大水，边大发施谷五十石，煮粥济其乡里，赖以生存者甚众。乾隆三十九年（1774年）沧境又大旱，苏兰成"出粟米赈贷，多所全活"[5]。

沧州东光马氏族人亦是将德善之心行于赈灾救助之中。明

---

[1] 戴其润编著：《沧州戴氏族人钩沉》，人民日报出版社2005年版，第91页。

[2] 苏振平主编：《交河苏氏清芬录》，中华文化书局2020年版，第132页。

[3] 苏振平主编：《交河苏氏清芬录》，中华文化书局2020年版，第173页。

[4] （清）边方晋：《沧州任丘边氏族谱》，乾隆三十七年（1772年）刻本，第十一卷，13页。

[5] 《集成》编辑工作委员会：《中国地方志集成·河北府县志辑45：光绪东光县志-民国交河县志》，上海书店、巴蜀书社、江苏古籍出版社1996年版，第536页。

## 第四章 燕赵地区家族教育的变革对文化转型发生影响的通道

季河南漳河水泛滥成灾,灾民死者无数,马允登正在赴任途中,他顾不得到任,直接奔赴灾区,组织百姓掩埋死者,后又发仓分赈,并号召外流难民,速返乡里,重建家园。[1] 马绍芳乃马允登之子,受父亲德行之影响,亦是好施予,"值岁歉,输粟四百石,邑令王额其庐曰'义门'"[2]。这样的仁义行为为马氏族人树立了良好的榜样示范,此后马氏子弟更是将仁善付诸于行动。马子存性慷慨,好施不吝,周急济物,"康熙癸未年县有阳侯之厄,公首倡救荒之策,捐粟四十石,随同邑侯劝谕阖邑富室出粟以济,全活甚众,督抚闻之,给匾曰'仁能济众'"[3]。马蕴恺在浙江绍兴任职期间,因雨水过多,米价增昂,贫民乞食者甚多,除了当地政府捐助谷物之外,马蕴恺"复请越城绅士陈秋水、姚继祖等商同分坊而筹甲米,按户以给丁钱,众绅无不踊跃乐从,地方赖以宁谧"[4],此乃马蕴恺之"劝以善,感以德"之举。马春甸,"性直介,尚节义,光绪九年卫河赵家堤决,下流二百余村,尽成泽国,马春甸出义谷二千石赈济百姓,全活甚众"[5]。由此可见,东光马氏族人的赈

---

[1] 马春晟等:《沧州东光马氏家乘十修谱》,民国十一年(1922年)刻本,不分卷,马允登志传。

[2] 《集成》编辑工作委员会:《中国地方志集成·河北府县志辑45:光绪东光县志-民国交河县志》,上海书店、巴蜀书社、江苏古籍出版社1996年版,第204页。

[3] 马春晟等:《沧州东光马氏家乘十修谱》,民国十一年(1922年)刻本,不分卷,清故保定府蠡县司训马公精一暨配邵孺人合葬墓志铭。

[4] 马春晟等:《沧州东光马氏家乘十修谱》,民国十一年(1922年)刻本,不分卷,清故浙江绍兴府会稽县令马公介轩暨配张高刘孺人合葬墓志铭。

[5] 马春晟等:《沧州东光马氏家乘十修谱》,民国十一年(1922年)刻本,不分卷,马公满芳传略。

济救助不仅仅彰显了马氏家族的乐善好施与仁义德善,还对地方官员和乡绅起到了带头作用,并且有助于维护当地的社会秩序。

除了沧州地区家族参与赈灾救助之外,燕赵其他地区的家族亦是如此。清康熙甲辰年(1664年)邢台宁晋县闹饥荒,宁晋郑氏六世郑名在京城听闻此事之后,急忙派人"输米千石,近者哺以粥,十里外予以米"[1]。年过花甲后,郑名即回归故里。康熙戊申年(1668年)宁晋县发生水灾,民众的庐舍被漂没,郑名再"赈粟一千三百石"[2]。之后,蝗虫糟害庄稼,郑名召集百姓扑蝗,民众捕蝗一斗,他即给谷子一斗。如此一来,积蝗盈仓,百姓既消灭了蝗虫,又有粮食吃,可谓一举两得。这样乐善好施、慷慨相助的家风影响了郑氏子弟,族中成员将此优良家风一直延续下去。至九世郑天祥一代,好施予,"时值岁荒,百姓大饥,公出粟数百石助赈,全活甚众"[3]。

类似这样施粟赈济的家族还有许多。如衡水故城祕氏族人祕箴好施予,岁饥之时,捐资赈贫,村中赖以全活者常数十家,至于置义冢则数不胜数,其墓志铭曰:"渊渊其情,粥粥其行,不炫其名,用观其成,本实既贞,如木斯荣,以奠佳城,以流

---

[1] 郑凌霄:《邢台宁晋郑氏族谱》,民国十九年(1930年)刻本,卷四,第4页。

[2] 郑凌霄:《邢台宁晋郑氏族谱》,民国十九年(1930年)刻本,卷四,4页。

[3] 郑凌霄:《邢台宁晋郑氏族谱》,民国十九年(1930年)刻本,卷四,14页。

第四章　燕赵地区家族教育的变革对文化转型发生影响的通道

颂生。"[1]清康熙四十三年（1704年）故城发生水灾，祕丕及妻刁氏闻之，慨然曰："物贵有用，积而不散亦无用也"[2]，遂与其子祕世贞熬粥赈济灾民，待饥日环门丐食者数百人，一一给之不遗，全活者甚众。再如，唐山丰润董各庄董氏族人，清顺治癸巳年（1653年）丰润地区大饥，董用中捐钱二十万两，粮一百五十石赈济。[3]清光绪二十年（1894年）甲子岁大饥，贫民无生路，"楼庄子乡耆董治官、黄继宗、董鉴初、文生董醇修、从九董长兴、监生董汉儒，并遇昌七家捐钱四百吊，买麦子三十石，分散本村族中及异姓贫户，附近各村亦有仿行者，民心因之而靖"[4]。燕赵子弟通过赈粟、熬粥、捐钱等方式参与地方赈灾救助活动，这不仅彰显出其仁义之心，还带动了地方其他人员积极参与赈济。

综上可以得知，燕赵地区家族注重民生，积极参与社会救济，与民生利，深受地方百姓的认可和爱戴，家族成员的以身作则与躬行教化，不仅仅有助于提升家族声望，同时还有利于形成乐善好施、拯危救急的社会风气。

（二）建设慈善机构

中国的慈善思想源远流长，如儒家的"仁爱"、道家的"积德"、墨家的"兼爱"等。各流派学说虽然表述不一，但是其中

---

[1]（清）祕学汉:《衡水故城祕氏族谱》，清宣统二年（1910年）刻本，不分卷，世系一世至十二世，第40页。

[2]（清）祕学汉:《衡水故城祕氏族谱》，清宣统二年（1910年）刻本，不分卷，世系一世至十二世，第62页。

[3] 郭百新编:《丰南志体古籍汇编》，吉林大学出版社2018年版，第355页。

[4] 郭百新编:《丰南志体古籍汇编》，吉林大学出版社2018年版，第360页。

蕴含的救济、仁善的道德理念是一致的。自古以来，中国的慈善机构多是在官方主导下建设的，譬如春秋战国时期的平籴制度，隋唐时期的仓廪制度和养病坊，两宋时期的福田院、居养院、安济坊和慈幼局，明清时期的惠民药局、漏泽园、官药局等。此外，还有一些民间由地方乡绅和家族创建的慈善机构，如养济院、养病堂、育婴堂等。这些慈善机构的主要目的是维护病弱群体的基本生存与生活，继而维护社会秩序。

养济院是中国古代收养鳏寡孤独的穷人和乞丐的场所，一般是由地方政府出资修建的，但也会有一些地方乡绅和望族捐资修建。如沧州东光马氏族人马锡蕃"培植书院增膏火，设养济院寓贫民，练团以御寇，积谷以备荒，皆次第行之"[1]，后人对其行为大加赞扬，曰："先生之文，如金斯铸，先生之品，如玉斯良，宦遊蜀国，泽沛甘棠，爱民爱士，善政远扬，一朝解组，归隐故乡，林泉乐道，旋梦黄粱，其形虽逝，其德孔长，文孙令子，世继书香，师门回首，涕泗旁皇，佳城在望，万古流芳。"[2]可谓是先人之品行，后人之榜样。再如，沧州交河苏氏族人苏养民设立养济院以赈穷民，建立预备仓以备荒政。[3]养济院作为救助机构，以容留和救济贫弱残疾无依之人为主，在政府和地方官绅以及家族的参与下，使得众多贫疾人获得了救助。

---

[1] 马春晟等：《沧州东光马氏家乘十修谱》，民国十一年（1922年）刻本，不分卷，诰封奉政大夫马公讳锡蕃字晋占墓志铭。

[2] 马春晟等：《沧州东光马氏家乘十修谱》，民国十一年（1922年）刻本，不分卷，诰封奉政大夫马公讳锡蕃字晋占墓志铭。

[3] 苏振平主编：《交河苏氏清芬录》，中华文化书局2020年版，第123页。

## 第四章 燕赵地区家族教育的变革对文化转型发生影响的通道

养病堂是由地方创建的收容流寓乞丐及残疾人的场所，不少也是由一些地方家族捐资修建。据《光绪东光县志》"邮政"一卷中记载：清咸丰八年（1858年）东光马氏族人马德潜等人共同捐建养病堂于东光王家集镇，当时由于旱涝灾害频发，米价昂贵，乞食者、因饥而病而濒死者比比皆是，邑人马德潜见此状而心感不安，欲于此地建立养病堂，特禀请东光县官员，待批准后，马德潜倡议劝捐，"附近百余村，计有千百余户，上下不等，各有捐资"[1]，最终于王家集镇之东药王庙后建立房屋数间，"凡丐者病者留于局医之，以药食之，以粥愈则遣去之，死者柳棺殓埋之"[2]。再如，清光绪元年（1875年），连岁凶旱，大疫并行，死者狼藉，沧州交河苏氏族人苏凤瑞"备衣食赒恤贫困，复设养病室，延医守治，活人无算"[3]。此外，在保定清苑地区也设有养病堂，在《光绪保定府志》中有记载：清苑养病堂在府城东南隅。[4] 在燕赵其他地区亦设有养病堂，在此不再赘述。

育婴堂是收养生育者无力养育或者被遗弃婴儿孩童的场所，又称为"育婴院"。中国关于建立育婴机构的历史悠久，如南宋

---

[1]《集成》编辑工作委员会：《中国地方志集成·河北府县志辑45：光绪东光县志-民国交河县志》，上海书店、巴蜀书社、江苏古籍出版社1996年版，第127页。

[2]《集成》编辑工作委员会：《中国地方志集成·河北府县志辑45：光绪东光县志-民国交河县志》，上海书店、巴蜀书社、江苏古籍出版社1996年版，第127页。

[3] 苏振平主编：《交河苏氏清芬录》，中华文化书局2020年版，第185页。

[4]《集成》编辑工作委员会：《中国地方志集成·河北府县志辑30：光绪保定府志》，上海书店、巴蜀书社、江苏古籍出版社1996年版，第588页。

的慈幼局、明末清初的育婴社等,到了清朝,育婴组织机构建设可以说到了兴盛时期,各地区纷纷建立育婴堂、保婴会等慈善组织。据《民国武安县志》记载,邯郸武安县育婴堂于清康熙四十七年(1708年)在内城外东关建成,"建有瓦房二十七间,又绅士公捐义田四百四十亩,每年收租谷一百一十六石四斗为育婴之用"[1]。磁县育婴堂在城内文昌阁后,建于康熙四十五年(1706年),"凡穷乡僻壤担夫匹夫无力保育之子女皆得收入堂内抚养"[2]。保定育婴堂由直隶总督刘长佑于1869年在保定城内西县街创办,后曾国藩、李鸿章两任直隶总督加以整饬。1870年李鸿章接任直隶总督后,续办育婴堂,增加经费支持,添设房屋,逐渐成为燕赵地区影响较大、功能较健全的慈善机构。到了民国时期,受到战乱等各种因素的影响,育婴堂经费出现入不敷出的现象,诸项事宜有待调整,因此,育婴堂的各位堂董开始商议建立堂长一职,经过当地乡绅和众多堂董推荐,由清苑热心于慈善事业的堂董樊榕担任堂长,并且总理育婴堂的具体事务,以保障育婴堂的正常运转。直到1927年南京国民政府成立之后,保定育婴堂与当地其他慈善组织合并改组为河北省第二救济院。保定育婴堂不仅仅关注婴孩的抚养问题,而且还十分注重对儿童的教育和医疗卫生问题。对于收养的女婴

---

[1]《集成》编辑工作委员会:《中国地方志集成·河北府县志辑64:民国鸡泽县志-民国武安县志》,上海书店、巴蜀书社、江苏古籍出版社1996年版,第204页。

[2]《集成》编辑工作委员会:《中国地方志集成·河北府县志辑66:民国磁县县志-民国刑台县志-民国宁晋县志》,上海书店、巴蜀书社、江苏古籍出版社1996年版,第111页。

## 第四章 燕赵地区家族教育的变革对文化转型发生影响的通道

抚养到六七岁时,便送入学校读书,而对于那些资质较愚笨的女学生而言,则令其进入堂内的纺织厂学习纺织,针对残疾的儿童还安排其学习手艺以谋生。此外,堂内还设立了普济医院,以满足生病儿童的医疗需求。这凸显出中国近现代的慈善救助事业开始由传统的救助理念向近现代教养并重的救助理念转变。[1]

总之,燕赵地区家族积极参与地方的慈善救助活动,对家族本身和地方都产生了深刻的影响。一方面,从家族本身来说,家族参与地方赈灾救助事业,可以得到当地政府和民众的赞誉,继而提高家族的名望和社会地位;另一方面,对地方而言,家族通过多种形式参与地方救济,不仅协助了当地政府的工作,还进一步地对维持地方秩序、改良社会风气起到了促进作用。

综上所述,燕赵家族将中国传统教育基因中的德善因子恰到其处地展现在地方建设与救助之中,充分发挥了家族的社会功能,为地方改善水利设施,为灾民赈济钱财粮食,设立养济院、育婴堂等慈善机构,为民众提供救济的同时也满足了民众的基本生活需要。这些善举义行不仅仅体现了燕赵家族的仁与善,将仁与善的价值在特定区域传扬开去,同时还对地方的社会管理起到了辅助作用,有利于社会文化品质的提升。

---

[1] 魏国栋、姜姗:《论晚清民初保定育婴堂对堂内失依儿童及育婴乳妇的管理》,载《保定学院学报》2020年第1期。

# 结 语

在中国的近代社会，文化转型既是整体社会变革的重要组成部分，也是整体社会变革的重要动力。对于整体社会变革而言，可谓意义重大。因此，对近代文化转型的探究，对于认识中国近代社会的变迁，是非常重要的。要深刻认识中国近代的文化转型问题，家族教育与文化关系的视角，是一个适切且重要的视角。本著作以燕赵地区为考察范围，从燕赵地区家族教育与区域文化转型的关系视角，进行深度探究。通过本研究，我们可以看到，家族教育的变革在促进文化的近代转型上，具有非常独特的优势。就其要者而言，可以从以下方面进行阐释。

**一、家族教育变革本身的特殊性决定了区域文化转型的深刻性**

与燕赵地区的学校教育相比，其家族教育具有非常强的独特性。其中最为重要的方面是家族教育的切己性，即家族教育的成就水平与家族成员的命运密切关联。在前近代时期，燕赵家族教育的水平决定了其家族成员能大量登科入仕，在"四民分业"的社会中占据优势地位，使家族成为社会上显赫的名门望族。到了近代社会，由于科举制度被废除，家族成员的仕进之路被塞绝。加之西风东渐，国家"以农立国"的政策被"以商立国"的政策所取代，士农工商渐次排列的价值观被"四民皆本"的价值观所取代，还有天灾、战争、外国资本的入侵等因素的影响，传统的家族教育面临着巨大的危机。如果不进行革命性变革，传统的家族将无法在剧烈的世变前做到有效应对，使已经消逝的辉煌重现，或者现在的辉煌能够延续。几乎每一个家族中的成员都陷入了剧烈的、持久的"内在焦虑"之中。正是因为如此，家族内部的有识、有胆之士才会未雨绸缪，积极筹划家族教育在巨大的世变来临之前的变革之策，当世变已经不可逆转时，以最快的速度投身到家族教育的变革中，推动家族教育在教育目标、教育内容、教育方式等方面的整体性变革。由于家族教育变革具有深刻的整体性、现代性，在其涵育下，家族成员中出现了各行各业的奇才异能之士。他们不但在近代社会的阔大舞台上长袖善舞，为国家的各项事业做出了突出贡献，为家族赢得了尊崇与荣耀，而且通过族中人才巨大的公信力、影响力，带动一方的文化发生了重大变革，实现了区域文化从古典到现代的转移。

燕赵地区家族教育变革的另外一个显著特征是，以断臂求生的大勇、大智，促动了自身的结构性变革。在家族教育的整体系统中，族学居于中心地位。族谱的修撰、祠堂的建造、各种仪式的安排等教育形式与途径，都是附着于族学展开其教育活动的。面对家族生存及家族教育的危机，需要对家族教育"动大手术"。当此之际，家族成员中的明睿之士，顶住重重压力，不惜对族学的传统样式进行彻底革新，使之变为不仅面向家族内部，同时也面向家族外部的新式学堂，即当时所谓的国民学校。这样的国民学校，究其实质而言，是对族学这一教育机构的彻底颠覆。因为传统的族学，就其教育对象而言，只是限于族中子弟，是排斥家族外部人员的。就其办学主体而言，家族内部的有学识、有担当的人物是族学的管理者、教育者。族学如何办，完全由家族内部成员决定。尽管家族内部成员可能会在办学事务上向家族外部的成员进行咨询，但最终的决策权、教育事务的执行，是由家族内部成员享有与承担的。当族学变为国民学校时，教育对象彻底向家族内外的所有成员敞开，学校的管理者与教育事务的执行者也由家族内部、外部的热心教育、有见识的校董、教师共同充任。在一定意义上，这是家族成员对族学这种教育机构的自我颠覆。这是需要家族成员极大的勇气、明睿的权变才能做到的。正是因为燕赵地区的家族教育变革做到了这一点，燕赵家族才得以真正汇入中国教育近代化的洪流中，将国家的教育资源、教育力量与家族内部的教育资源、教育力量进行有效整合，实现了教育的"倍增效应"，为家族内部与外部培养出适应时代要求、融合传统与现代优良品质的大批优秀人才。在这些优秀人才的引领、带动下，凝结在他们身上的具有现代性的价值观、思维方式、情感体验、行为方式，得以传扬开去，成为那个时代燕赵大地的民众共享的文化因子。

## 二、家族教育对文化独特的影响机制促成了区域文化的深度转型

燕赵地区家族教育对区域文化的近代转型发生影响不仅是由家族教育变革独特的性质决定的,其对区域文化发挥独特影响的渠道、方式,也是燕赵文化在近代发生深刻转型的重要因缘。在笔者看来,以下几方面是值得引起注意的。

第一,家族成就引发的文化示范效应带来特定区域民众的文化认同与模仿。燕赵地区的名门望族面对近代中国在政治、经济、文化、教育等方面的巨大变化,出于宗族生存、发展的考虑,积极对家族教育做出了变革。在家族教育的目标设置、内容选择,家族所办学校与新式教育机构的贯通,家谱修撰上的旨趣上的调适等方面,都实现了具有里程碑意义的变化。这样的教育变革与调适,成功地实现了家族的辉煌延续或再现。从唐山丰润的马氏家族身上,我们就可清晰地看到这一点。据唐山《丰润浭阳马氏家谱》记载,在近代社会,受家族教育变革影响的马氏族人子弟多任职于军队、法院、学校等单位,成就斐然。其中,马鸿宝"奉天随营学堂毕业,咨送讲武备堂毕业,曾任鲁军招抚营第一连连长,升任营附官中央陆军第八师执法官,察哈尔张北县警察所所长,讨贼联军司令部咨议国民革命军第八军交际处主任,第二方面军鲁军总司令部参谋长,鄂豫边防军副司令,陆军步上校"[1]。马鸿勋"山西大学文科毕业,奖文科学士,曾充盐山中学教务主任,河北第四中学教

---

[1] 马怀义:《唐山丰润浭阳马氏家谱》,民国二十三年(1934年)刻本,不分卷,谱世,12页。

员,吉林第六中学校教员"[1],后来又于清华大学研究所毕业,任定县师范学校教员。马鹤翘由直隶法律专门学堂毕业,奖副榜出身,"曾任山东文登县地方审判厅民庭推事绥远都统署审判处审理员"[2]。马鸿书直隶法政专门学校商科毕业,"曾充河北省立第五中学校教员,丰润县督学教育局总务科主任,丰润职业中学校长,绥棱县总务科科长,兼承审员代行县知事"[3]。马鸿宝的仲子马锦曾"河北军事政治学校毕业,军官教导团毕业,任陆军第三十二军特务团工兵队上尉副官"[4]。马光曾"直隶第三师范毕业,曾充宁河昌黎高大教员"[5]。马述曾直隶第三师范毕业,曾充初级教员,后任锦县扶轮学校教员。马化曾直隶第三师范肄业,军事政治学校毕业,曾充乐亭县高级小学校教员,后任天津宝成纱厂补习学校教员。[6] 当家族教育改革的成就在当地闪现出耀眼的光彩之时,家族成员的价值观、思维方式、行为方式自然成为当地民众的榜样,为广大民众所认同、模仿。家族成员的价值观、思维方式、行为方式遂成为

---

[1] 马怀义:《唐山丰润浭阳马氏家谱》,民国二十三年(1934年)刻本,不分卷,谱世,13页。

[2] 马怀义:《唐山丰润浭阳马氏家谱》,民国二十三年(1934年)刻本,不分卷,谱世,14页。

[3] 马怀义:《唐山丰润浭阳马氏家谱》,民国二十三年(1934年)刻本,不分卷,谱世,14页。

[4] 马怀义:《唐山丰润浭阳马氏家谱》,民国二十三年(1934年)刻本,不分卷,谱世,18页。

[5] 马怀义:《唐山丰润浭阳马氏家谱》,民国二十三年(1934年)刻本,不分卷,谱世,19页。

[6] 马怀义:《唐山丰润浭阳马氏家谱》,民国二十三年(1934年)刻本,不分卷,谱世,21页。

特定区域民众共享的价值观、思维方式、行为方式。区域文化的近代转型就是在这样的文化心理机制中悄无声息地完成的。

第二，家族中的有成就者在与官员的交往中实现文化渗透。毋庸置疑，家族中的有成就者是中国近代社会家族教育成功转型所造就的。这些有成就者在与各级官员的交往中，往往通过两种方式进行文化渗透。一是直接针对官员的施政方略建言献策。在针对官员的施政方略直抒胸臆，提出自己的条陈、建议时，家族成员中有成就者的眼光、见识、价值追求悄然进入官员的视线，成为塑造官员价值观、思维方式的重要资源。当官员接受了家族成员认可的文化因子之后，就会在自己的执政生涯中把这些文化因子播撒开去，让其在特定的区域生根、发芽、开花、结果。二是向官员举荐人才。家族成员中有成就者向官员的幕府或政府部门重要岗位举荐人才时，往往举荐的是在文化上与自己具有高度认同的人才。所谓"道不同，不相与为谋"，文化上难以认同者连合作共事都难，何况是向政府部门的官员举荐贤能之士，必定会选择文化上高度契合、认同的人物。这些人物在进入政府要员的幕府或成为政府部门重要岗位上的人物之后，就会成为家族成员中有成就者的"文化代言人"，在特定区域，把家族文化中的精华传扬开去。

第三，家族中的有成就者在参与地方各项事业中实现文化传输。作为在地方上乃至全国有影响的名门望族，热心参与地方的教育、文化、水利事业，为地方慈善事业竭尽自己的力量，是社会对其的自然期望，也是其主动承担的当然之责。因此，在家族兴盛之时，家族中的一部分精英分子参与地方的教育、文化、水利等项关乎民生的重要事业，在其中亲身施教、出谋划策、输送钱粮、组织人力，是家族中的常态。在灾荒频仍之时，鳏寡孤独与残疾之人需要救助之际，家族中的能人与富人伸出援助之手，为它们搭建庇护之所，送去生活必需的钱粮，带去活下去的信心与温情，是族人常有的善举。在参与地方教育事业之时，家族成员通过在族学之外的书院、社学、义塾或者新式学堂执教，把家族文化中的价值观、思维方式、行为方式等内化到族中以外的学子头脑中，使之传播开来。另外，家族成员通过创办书院、社学、义塾或者新式学堂，在办学宗旨确定、课程选择、教育方式甄别、学校文化建构中，把家族文化的因子渗透其中，使得家族文化以潜隐的方式渗透到族中以外的学子当中，促使其大面积传播。在参与地方文化事业建设中，家族成员在编纂地方志时，在体例确定、人物与事迹的选择、具体的人物与事迹的描摹中，都会把家族文化中特定的倾向、趣味渗透到其中。待地方志的书写竣工之后流传开来，家族文化中特定的倾向、趣味自然会以润物无声的方式在读者之间流传开去。至于族人中的精英分子以创作各类文学、艺术、医学作品的形式介入地方文化建设，会直接把家族文化中的价值取向、审美情趣、艺术趣味、思维方式等投射到作品中，影响那些阅读相关作品的人，从而实现家族文化的传扬。在参与地方水利建设之时，不论家族成员是以组织者的面目出现，还是以筹划者的面目出现，都会通过其组织活动中的通力合作、谋划中的审慎磋商，把家族中对公益事业的推崇、科学合理的思维方式、勇于任事的品质传递给身边的人，让他们受到深刻的熏陶。在从事赈济、扶助病弱这些善行、义举之时，族人无论是以捐助者还是抚慰者的角色出现，家族文化中深深浸染的对仁爱与善行的崇尚、心怀天下苍生的胸襟都会一点点透射而出，感染每一位与事者，使仁善之情、忧念天下之心在与事者的心中扎下根来。

# 参考文献

(一) 家谱类

1. (清) 梁允植:《石家庄正定梁氏续族谱》,康熙十九年(1680年)重刻本。

2. (清) 边方晋:《沧州任丘边氏族谱》,清乾隆三十七年(1772年)刻本。

3. (清) 王耕心等:《正定王氏家传》,光绪十九年(1893年)刊刻。

4. (清) 鹿传霖:《保定定兴鹿氏二续谱》,清光绪二十三年(1897年)刻本。

5. (清) 孙松龄:《保定蠡县孙氏家乘》,清宣统元年(1909年)刻本。

6. (清) 祕学汉:《衡水故城祕氏族谱》,清宣统二年(1910年)刻本。

7. 马春晟等:《沧州东光马氏家乘十修谱》,民国十一年(1922年)刻本。

8. 刘秉簏:《廊坊刘氏族谱》,民国十二年(1923年)刻本。

9. 宋彬：《保定清苑宋氏宗谱》，民国十二年（1923年）刻本。

10. 田中玉：《秦皇岛临榆田氏族谱》，民国十三年（1924年）刻本。

11. 孙奂仑：《唐山玉田孙氏家谱》，民国十四年（1925年）刻本。

12. 郑凌霄：《邢台宁晋郑氏族谱》，民国十九年（1930年）刻本。

13. 马怀义：《唐山丰润浭阳马氏家谱》，民国二十三年（1934年）刻本。

14. 陈继瑄：《阜平陈氏宗谱》，民国二十四年（1935年）刻本。

15. 刘华锷：《沧州刘氏家谱》，民国二十五年（1936年）刻本。

16. 韩海山：《北店头贾氏族谱》，2008年续修版。

（二）著作类

1. 容闳：《西学东渐记》，恽铁樵、徐凤石译，上海商务印书馆民国四年（1915年）版。

2. 徐世昌：《水竹邨人集》，民国七年（1918年）刊行。

3. 高锡畴等：《临榆县志》，成文出版社民国十八年（1929年）铅印。

4. 徐世昌：《退耕堂题跋》，退耕堂民国二十年（1931年）刻本。

5. 中国史学会主编：《中国近代史资料丛刊·戊戌变法

(二)》,上海人民出版社1957年版。

6. 中国史学会主编:《中国近代史资料丛刊·辛亥革命(二)》,上海人民出版社1957年版。

7. 朱寿朋编:《光绪朝东华录(四)》,中华书局1958年版。

8. 朱寿朋编:《光绪朝东华录(五)》,中华书局1958年版。

9. 中共中央马克思恩格斯列宁斯大林著作编译局编:《斯大林选集》(下卷),人民出版社1979年版。

10. 舒新城编:《中国近代教育史资料》,人民教育出版社1981年版。

11. 陈学恂主编:《中国近代教育文选》,人民教育出版社1983年版。

12. 朱有瓛主编:《中国近代学制史料(第一辑 下册)》,华东师范大学出版社1986年版。

13. (日)清水盛光:《中国族产制度考》,宋念慈译,中华文化出版事业委员会出版。

14. 朱有瓛主编:《中国近代学制史料(第二辑 上册)》,华东师范大学出版社1987年版。

15. 李宗桂:《中国文化概论》,中山大学出版社1988年版。

16. 丁世良、赵放主编:《中国地方志民俗资料汇编·华北卷》,书目文献出版社1989年版。

17. 中国人民政治协商会议黑龙江省委员会文史资料委员会:《武百祥与同记》,黑龙江人民出版社1989年版。

18. 徐世昌：《海西草堂集》，中国书店 1991 年影印。

19. 朱有瓛主编：《中国近代学制史料（第三辑 上册）》，华东师范大学出版社 1990 年版。

20. 河北省地方志编纂委员会：《河北省志·第 76 卷·教育志》，中华书局 1995 年版。

21. 徐扬杰：《宋明家族制度史论》，中华书局 1995 年版。

22. 丁钢主编：《近世中国经济生活与宗族教育》，上海教育出版社 1996 年版。

23. 李荣亭：《京东第一家》，政协乐亭县委员会 1996 年版。

24. 魏宏运主编：《二十世纪三四十年代冀东农村社会调查与研究》，天津人民出版社 1996 年版。

25. 于述胜、于建福：《中国传统教育哲学》，江苏教育出版社 1996 年版。

26. 冯友兰：《中国哲学简史》，北京大学出版社 1996 年版。

27. 中华文化通志编委会编：《中华文化通志·宗族志》，上海人民出版社 1998 年版。

28. 《集成》编辑工作委员会：《中国地方志集成·河北府县志辑 13：光绪蔚洲志－民国张北县志》，上海书店、巴蜀书社、江苏古籍出版社 1996 年版。

29. 《集成》编辑工作委员会：《中国地方志集成·河北府县志辑 15：民国阳原县志－民国万全县志－民国隆化县志》，上海书店、巴蜀书社、江苏古籍出版社 1996 年版。

30. 《集成》编辑工作委员会：《中国地方志集成·河北府县志辑 21：康熙玉田县志－光绪玉田县志－民国临榆县志》，上海书店、巴蜀书社、江苏古籍出版社 1996 年版。

31.《集成》编辑工作委员会：《中国地方志集成·河北府县志辑 23：光绪抚宁县志-光绪乐亭县志-民国安次县志》，上海书店、巴蜀书社、江苏古籍出版社 1996 年版。

32.《集成》编辑工作委员会：《中国地方志集成·河北府县志辑 29：民国文安县志-民国清苑县志》，上海书店、巴蜀书社、江苏古籍出版社 1996 年版。

33.《集成》编辑工作委员会：《中国地方志集成·河北府县志辑 30：光绪保定府志》，上海书店、巴蜀书社、江苏古籍出版社 1996 年版。

34.《集成》编辑工作委员会：《中国地方志集成·河北府县志辑 32：光绪涞水县志-光绪定兴县志》，上海书店、巴蜀书社、江苏古籍出版社 1996 年版。

35.《集成》编辑工作委员会：《中国地方志集成·河北府县志辑 37：乾隆直隶洲志-民国新城县志》，上海书店、巴蜀书社、江苏古籍出版社 1996 年版。

36.《集成》编辑工作委员会：《中国地方志集成·河北府县志辑 42：民国沧县志》，上海书店、巴蜀书社、江苏古籍出版社 1996 年版。

37.《集成》编辑工作委员会：《中国地方志集成·河北府县志辑 43：康熙盐山县志-民国盐山新志》，上海书店、巴蜀书社、江苏古籍出版社 1996 年版。

38.《集成》编辑工作委员会：《中国地方志集成·河北府县志辑 45：光绪东光县志-民国交河县志》，上海书店、巴蜀书社、江苏古籍出版社 1996 年版。

39.《集成》编辑工作委员会：《中国地方志集成·河北府县志辑 47：民国南皮县志-乾隆饶阳县志》，上海书店、巴蜀书社、江苏古籍出版社 1996 年版。

40.《集成》编辑工作委员会：《中国地方志集成·河北府县志辑 49：康熙献县志-民国献县志》，上海书店、巴蜀书社、江苏古籍出版社 1996 年版。

41.《集成》编辑工作委员会：《中国地方志集成·河北府县志辑 59：民国大名县志》，上海书店、巴蜀书社、江苏古籍出版社 1996 年版。

42.《集成》编辑工作委员会：《中国地方志集成·河北府县志辑 60：康熙元城县志-同治续修元城县志-民国邯郸县志》，上海书店、巴蜀书社、江苏古籍出版社 1996 年版。

43.《集成》编辑工作委员会：《中国地方志集成·河北府县志辑 64：民国鸡泽县志-民国武安县志》，上海书店、巴蜀书社、江苏古籍出版社 1996 年版。

44.《集成》编辑工作委员会：《中国地方志集成·河北府县志辑 66：民国磁县县志-民国邢台县志-民国宁晋县志》，上海书店、巴蜀书社、江苏古籍出版社 1996 年版。

45.《集成》编辑工作委员会：《中国地方志集成·河北府县志辑 71：康熙临城县志-道光内邱县志-民国新河县志》，上海书店、巴蜀书社、江苏古籍出版社 1996 年版。

46. 于桂芬：《西风东渐——中日摄取西方文化的比较研究》，商务印书馆 2001 年版。

47. 贾曼鸥:《我的祖母张春云》,保定延安精神研究会 2002 年编印。

48. 顾明远:《中国教育的文化基础》,山西教育出版社 2004 年版。

49. 贾泉河:《泉河文集》,中国和平出版社 2005 年版。

50. 党明德、何成主编:《中国家族教育》,山东教育出版社 2005 年版。

51. 戴其润编著:《沧州戴氏族人钩沉》,人民日报出版社 2005 年版。

52. (汉) 许慎:《说文解字》,岳麓书社 2006 年版。

53. 李桂林、戚名琇、钱曼倩编:《中国近代教育史资料汇编——普通教育》,上海教育出版社 2006 年版。

54. 王德立、王志杰主编:《田中玉轶事》,海天出版社 2007 年版。

55. 孙培青主编:《中国教育史(第三版)》,华东师范大学出版社 2009 年版。

56. 邹小站:《西学东渐:迎拒与选择》,四川人民出版社 2008 年版。

57. 丁钢主编:《历史与现实之间:中国教育传统的理论探索》,广西师范大学出版社 2009 年版。

58. 《清代诗文集汇编》编纂委员会:《清代诗文集汇编》(第 771 册),上海古籍出版社 2010 年版。

59. [日] 守屋美都雄:《中国古代的家族和国家》,钱杭、杨晓芬译,上海古籍出版社 2010 年版。

60. （清）贺涛：《贺涛文集》，华东师范大学出版社2011年版。

61. 熊月之：《西学东渐与晚清社会》（修订版），中国人民大学出版社2011年版。

62. 徐扬杰：《中国家族制度史》，武汉大学出版社2012年版。

63. 蒋明宏：《明清江南家族教育——多元视角研究》，知识产权出版社2013年版。

64. 冯尔康主编：《清代宗族史料选辑（中）》，天津古籍出版社2014年版

65. 冯尔康主编：《清代宗族史料选辑（下）》，天津古籍出版社2014年版。

66. 贺葆真：《贺葆真日记》，徐雁平整理，凤凰出版社2014年版。

67. 贺培新著，王达敏、王九一、王一村整理：《贺培新集》，凤凰出版社2016年版。

68. 金培瑞、匡淑梅编著：《骏马奔腾——东光马氏（南马）家族文化探析》，团结出版社2018年版。

69. 于秀萍、刘月霞：《明清以来华北家谱中的家训资料辑录》，团结出版社2017年版。

70. 郭百新编：《丰南志体古籍汇编》，吉林大学出版社2018年版。

71. 冯尔康：《清代宗族史论》，天津人民出版社2019年版。

72. 苏振平主编：《交河苏氏清芬录》，中华文化书局2020

年版。

(三) 期刊论文类

1. 吕碧城:《兴女学议》,载《直隶教育杂志》1906 年第 8 期。

2. 王忠阁、董传华:《明清之际近代思维方式浅议》,载《信阳师范学院学报(哲学社会科学版)》1987 年第 4 期。

3. 何成:《明清新城王氏家族教育探析》,载《学海》2002 年第 1 期。

4. 曾昭式:《西方逻辑东渐与中国近代思维方式的嬗变》,载《中国哲学史》2003 年第 2 期。

5. 陈旭霞:《燕赵文化脉理探析》,载《中华文化论坛》2004 年第 3 期。

6. 贾学政:《近代私塾教育与宗族社会》,载《理论月刊》2005 年第 3 期。

7. 韩成武、赵林涛、韩梦泽:《燕赵文化精神与唐代燕赵诗人、唐诗风骨》,载《河北师范大学学报(哲学社会科学版)》2006 年第 6 期。

8. 于秀萍:《明清河北宗族兴盛原因探析》,载《沧州师范专科学校学报》2006 年第 3 期。

9. 于秀萍、童广俊、于长亮:《明清以来沧州的家族教育述略》,载《沧州师范专科学校学报》2007 年第 4 期。

10. 宋惠昌:《中国近代价值观变革的启蒙意义》,载《天津行政学院学报》2008 年第 1 期。

11. 于秀萍:《晚清民国以来的河北宗族述略——以河北宗

族族谱为中心》，载《中国社会历史评论》2008年第9卷。

12. 于秀萍、焦以爽、杨旭英：《明初以来沧州移民宗族形态的演进与社会变迁》，载《沧州师范专科学校学报》2009年第2期。

13. 赖燕波：《浙江海宁查氏家族教育探析》，载《学术交流》2011年第1期。

14. 王日根、仲兆宏：《明清以来苏闽宗族祠堂比较研究》，载《安徽史学》2013年第3期。

15. 蒋明宏：《清代无锡钱氏家族教育及其转型述论——以堠山派城中支、湖头派七房桥支为例》，载《历史教学问题》2014年第5期。

16. 周振国、向回：《燕赵慷慨悲歌基本内涵及历史传承》，载《河北学刊》2014年第6期。

17. 徐雅芬：《明清时期江右商的宗族教育——江西流坑村的历史人类学考察》，载《中南民族大学学报（人文社会科学版）》2015年第2期。

18. 秦利国、李振武：《华北宗族研究——以山西地区宗族研究为例》，载《史志学刊》2017年第3期。

19. 杜靖等：《清代青岛城阳汉人孙氏宗族的建造与实践》，载《湖北民族学院学报（哲学社会科学版）》2017年第6期。

20. 罗翔宇：《清代徽州宗族的教育理念——以徽州家谱为中心》，载《皖西学院学报》2018年第3期。

21. 张正泉：《近代徽州宗族教育研究》，载《汉字文化》2019年第2期。

22. 魏国栋、姜姗:《论晚清民初保定育婴堂对堂内失依儿童及育婴乳妇的管理》,载《保定学院学报》2020年第1期。

23. 常建华:《明清北方宗族的新探索(2015—2019年)》,载《安徽史学》2020年第5期。

24. 赵晓华:《清代直隶赈灾体系及其实践》,载《人民论坛》2020年第35期。

25. 王岩、徐兆洋:《明清时期家族教育中的女性角色——以江南地区秦氏家族为例》,载《汉字文化》2021年第S1期。

(四) 学位论文类

1. 王昌宜:《明清徽州宗族教育研究》,安徽大学2001年硕士学位论文。

2. 李春雷:《清末民初的价值主脉——中国近代知识分子的价值观》,西北大学2002年硕士学位论文。

3. 叶国爱:《族谱的教育价值研究》,西南大学2010年硕士学位论文。

4. 仲兆宏:《晚清常州宗族与社会事业》,苏州大学2010年博士学位论文。

5. 林源西:《近代两湖族田研究》,南京师范大学2011年硕士学位论文。

6. 夏铭:《晚清民国时期南昌月池熊氏的宗族教育研究》,南昌大学2013年硕士学位论文。

7. 乔娜妹:《明清江南宗族学田研究》,华东师范大学2014年硕士学位论文。

8. 胡楠:《晚清民国宗族教化之变迁——以海宁查氏和吴越

钱氏为个案》，浙江师范大学 2015 年硕士学位论文。

9. 于海燕：《民国时期江苏家谱纂修研究》，扬州大学 2016 年博士学位论文。

10. 曹紫佳：《基于文化基因视角下的湖南宗族型传统村落研究》，天津大学 2017 年硕士学位论文。

11. 陈钰莹：《魏晋南北朝时期琅琊王氏家族教育研究》，东北师范大学 2019 年硕士学位论文。

12. 李晓娟：《清代孔氏家族女子教育研究——以孔祥淑、朱玙为个案》，曲阜师范大学 2020 年硕士学位论文。

13. 张旭飞：《近代黔东南宗族祠堂研究》，南京师范大学 2020 年硕士学位论文。

14. 王楠：《清代长洲彭氏科举世家的家族教育研究》，东北师范大学 2021 年硕士学位论文。

# 后 记

家族教育研究对于我而言,是一个在学术生涯的起步阶段就已经触及的课题。在我的导师丁钢教授的引导下,在选择硕士论文选题的时候,我便是以近世晋商的家族教育为研究对象的。仿佛是一种学术命运的轮回,在时隔二十余年后,我又把研究的聚焦点集中在家族教育上,以燕赵地区的家族教育与文化转型的关系为视角切入进行研究。由于这一课题的研究是在国家社科基金项目"从游式教育的现代形态:以西南联大为个案的阐释"不断推进的同时展开的,因此,其结项时间一拖再拖。到现在为止,才算画上一个圆满的句号。这项工作的完成,是许多人关心、支持的结果。无论如何,都应该对他们表示发自内心的感谢。

首先应该衷心感谢的是河北大学燕赵文化高等研究院的领导同志!我的这本著作是河北大学燕赵文化学科群重大招标项目"近代燕赵教育与文化转型研究"(项目编号 2020W05)的研究成果。如果没有燕赵文化高等研究院的领导同志们的关心、支持,这本书的成书、出版是不可能的!感谢我的博士研究生黄鹤!作为本著作成书的合作者,她为本书的出版付出了艰辛

## 后 记

的努力。感谢我的博士研究生马鑫丽,硕士研究生杨东升、张俊、王淑萍、常美!在这一课题的研究工作展开过程中,他们在资料搜集、整理,部分内容草稿的撰写上,做出了不可替代的贡献。没有他们前期的工作基础,这本著作的出版即使不是遥遥无期,也是会大幅度延后的。感谢中国政法大学出版社的冯琰老师!如果没有她的编辑团队的辛勤劳作,本书的诸多错讹之处不可能消弭于无形。

当然,关心、支持这本书出版的友人还有很多,虽然我在此无法一一点数他们的名字,但是,我会把对大家所有的感恩埋藏在心中,更加坚定地走我自己要走的学术之路、思想之路。

王喜旺志于河北大学悦学楼工作室
2023 年 7 月 16 日